GUNNA WENDT

»Waren wir doch Teile
voneinander«

Für dich, Katrin
– Große, feine Schwester –
von deiner Mütze

GUNNA WENDT

»Waren wir doch Teile voneinander«

Geschichten von berühmten Schwestern

Mit Illustrationen von Hannah Kolling

RECLAM

Für meine Schwester Tina

Inhalt

Auch Brüder brauchen starke Schwestern

Rainer Maria Rilke

Die Schwestern

Sieh, wie sie dieselben Möglichkeiten
anders an sich tragen und verstehn,
so als sähe man verschiedne Zeiten
durch zwei gleiche Zimmer gehn.

Jede meint die andere zu stützen,
während sie doch müde an ihr ruht;
und sie können nicht einander nützen,
denn sie legen Blut auf Blut,

wenn sie sich wie früher sanft berühren
und versuchen, die Allee entlang
sich geführt zu fühlen und zu führen:
Ach, sie haben nicht denselben Gang.

Im Licht und Schatten der Öffentlichkeit

❖ *Schneeweißchen und Rosenrot* ist der Titel eines Märchens der Brüder Grimm über zwei ungleiche Schwestern, von denen die eine gerne in den Wiesen und Feldern herumspringt, während die andere lieber zu Hause bleibt und der Mutter etwas vorliest. »Die beiden Kinder hatten einander so lieb, dass sie sich immer an den Händen fassten, sooft sie zusammen ausgingen; und wenn Schneeweißchen sagte: ›Wir wollen uns nicht verlassen‹, so antwortete Rosenrot: ›Solange wir leben nicht‹.«

Doch irgendwann wird es dazu kommen, dass Schwestern das Ideal von der lebenslangen Gemeinsamkeit aufgeben, eigene Wege gehen und vielleicht den Verlust beklagen, den die Befreiung mit sich bringt. So wie die Schriftstellerin Virginia Woolf: »Wenn du nicht da bist, verschwindet die Farbe aus dem Leben, wie Wasser aus einem Schwamm; und ich existiere nur noch, trocken und staubig«, schreibt sie an Vanessa Bell, ihre drei Jahre ältere Schwester, und liefert damit eine der ungewöhnlichsten Liebeserklärungen, die in diesem Buch enthalten ist. Doch mag die Liebe auch noch so groß sein, fast immer ist Rivalität mit im Spiel, wenn es um das Verhältnis von Schwestern untereinander geht. Das Besondere: So sehr zwei Schwestern auch miteinander konkurrieren, die tiefe schwesterliche Zuneigung bleibt davon unberührt. Die hier versammelten Porträts laden dazu ein, die Beziehung zwischen Schwestern in all ihren Variationen zu entdecken.

Ein besonderes Augenmerk liegt dabei auf der jeweils unbekannteren der beiden Schwestern. Eine davon ist Hélène de Beauvoir. »Meine lebhafteste Erinnerung, die erste Erinnerung, die sich unbewusst einschreibt, ist meine Schwester«, bekennt Simone de Beauvoirs jüngere Schwester. »Sie war unbestritten am wichtigsten, und ich habe mich immer an sie gehalten.« Doch die Jüngere war für die Ältere nicht weniger wichtig. »Ich hatte eine Gefährtin, meine Schwester, deren Rolle in meinem Dasein beträchtlich wurde, als ich etwa sechs Jahre alt war«, so Simone de Beauvoir. »Dank meiner Schwester – meiner Komplizin, meiner Untertanin, meinem Geschöpf – bestätigte ich mein unabhängiges Selbst.« Es sollte eine Weile dauern, bis sich die Jüngere aus dem Schatten der Älteren löst und ihren eigenen Weg einschlägt, doch später wird sie verkünden: »Feministin war ich lange vor meiner Schwester.« Eine ebenso mutige wie überraschende Aussage, wenn man bedenkt, dass sie sich auf eine Ikone der Frauenbewegung bezieht, deren 1949 erschienenes Werk *Le Deuxième Sexe* für Generationen von Frauen Aufklärung, Orientierung und Ermutigung bedeutete.

Voilà: 14 Schwesternpaare aus verschiedenen Zeiten und Epochen – und dazu zwei Schwestern, die mit ihren Brüdern eng verbunden waren. Manchmal steht eine Schwester so stark im Schatten der anderen, dass man kaum von ihrer Existenz weiß; manchmal stehen beide Schwestern im Licht der Öffentlichkeit und sind gleich präsent. Meist leben sie an verschiedenen Orten und sind in unterschiedlichen Bereichen tätig. Jede Beziehung ist einzigartig und unersetzbar. Schöner als Elsa Triolet in einem Brief an ihre Schwester

Lilja Brik lässt es sich wohl nicht ausdrücken: »Ich stelle mir vor, Du würdest durch eine andere Lilja ausgetauscht, eine neue, von der es heißt: hundertmal besser! Ich will aber nun mal keine bessere, ich liebe diese.« ❖

Gunna Wendt

Beste Freundin und Herzensheimat

❖ ❖ ❖

Zwei Schwestern und ihr geliebter Dichter

Caroline und Charlotte von Lengefeld

❖ »Dass Sie und Caroline so gut zusammenstimmen, freut mich sehr; es ist überhaupt selten, dass Schwestern, die von früher Kindheit an in so viele Kollisionen kommen, bei entwickeltem Charakter einander etwas sind«, schrieb Friedrich Schiller 1788 an Charlotte von Lengefeld.

Charlotte, geboren 1766, war die jüngere Tochter von Carl Christoph von Lengefeld, Oberforstmeister am Hof von Schwarzburg-Rudolstadt, und seiner Frau Luise, geborene von Wurmb. Charlotte wuchs zusammen mit ihrer älteren Schwester Caroline, geboren 1763, auf dem Heißenhof in Rudolstadt auf. Diese empfand das Leben in der »rückständigen« Kleinstadt als »tot und langweilig«. Jeder Tag sei wie der andere gewesen, Treffen mit Verwandten oder Bekannten, bei denen nur über Belanglosigkeiten gesprochen wurde, bildeten die einzige Abwechslung. Charlotte hingegen fühlte sich wohl in ihrem beschaulichen Zuhause. Stundenlang habe sie am Fenster gestanden und bei Glockengeläut in den Himmel geschaut, erinnerte sie sich. »Mein Horizont war frei. In der Ferne sahen wir schöne Berge und ein altes Schloss auf dem Berge liegen, das oft das Ziel meiner Wünsche war.«

Den beiden Mädchen wurde eine fundierte und außerordentlich vielseitige Ausbildung zuteil, was Charlotte allerdings nicht besonders motivierte. »Ich lernte nicht gern«, gesteht sie in ihren *Erinnerungen aus den Kinderjahren.* Darin schildert sie ihren gewöhnlichen Tagesablauf: Schon früh am Morgen begann der Unterricht, den sie nicht mochte. Weder Schreiben noch Zeichnen noch Französischlernen interessierte sie. Doch am »allerunangenehmsten« war ihr die Tanzstunde. Sie konnte kaum erwarten, dass es Mittag wurde. Beim Essen im Kreis der Familie war der Vater der Mittelpunkt, der immer auch einige seiner ehemaligen Jagdfreunde einlud. Da er schon früh einen Schlaganfall erlitten hatte, konnte er das Haus nicht mehr ohne fremde Hilfe verlassen. Umso mehr freute er sich über die Berichte der Jäger. Charlotte liebte es, ihrem Vater zuzuhören, wenn er über seine Liebe zum Wald sprach. »Alles war ihm wichtig, jeder neuerworbene Baum vergrößerte sein Interesse.«

Nach dem Mittagessen wurde der Unterricht fortgeführt: Zuerst vom Geographielehrer, auf ihn folgte der »französische Sprachmeister«, dazwischen wurden Zeitungen gelesen und Briefe geschrieben. Dann endlich hatten die Mädchen frei. Bei schönem Wetter hielten sie sich im Garten auf, bei schlechtem zogen sie sich ins Haus zurück. Charlotte schaute gerne zu, wenn ihre ältere Schwester und eine Cousine, die mit im Haus lebte, »eine Art dialogisierter Romane« zum Besten gaben. Abwechselnd schlüpften sie in die Heldinnenrolle und spielten ihrem kleinen Publikum vor, was sie erlebt hatten. Diese Form der Darstellung übte einen »unendlichen Reiz« auf Charlotte aus. »Ich saß dabei und hörte alles an und war begierig, wie es enden würde. Wie alle Romane und Theaterstücke, so endete sich dieses auch immer mit einer Heirat.«

Das Abendessen wurde wieder gemeinsam mit den Eltern eingenommen. »Die Mädchen im Hause wurden versammelt; die Cousine las einen Abendsegen; es wurde ein geistliches Lied gesungen; die gute Mutter segnete ihre Kinder ein, und so gingen wir gläubig zur Ruhe und erwarteten den anderen Morgen, um wieder so zu leben.«

Obwohl sie unter der Eintönigkeit litt, wusste Caroline die gute Ausbildung, die man ihr und ihrer Schwester zu Hause angedeihen ließ und die sie vor allem dem weitblickenden Vater verdankten, zu schätzen – genau wie die Nähe zur Kultur: Das Naturalienkabinett in Ludwigsburg, die Bibliothek in der Heidecksburg und das Sommertheater im Schlossgarten waren gut zu erreichen.

Im Herbst 1775 starb der Vater an den Folgen eines weiteren Schlaganfalls. Seine beiden Töchter waren sich einig, dass er sie mit »seiner klaren und weiten Weltansicht« zum Selbstdenken angeregt hatte – das war sein Vermächtnis. »Die Welt, die wir uns hinter unsern blauen Bergen dichteten, gewann im Lichtblick seines Verstandes feste Umrisse. Wir lernten zeitig fühlen, was wir suchen sollten«, heißt es in Charlottes *Erinnerungen*, die mit dem Tod des Vaters enden. Caroline betonte hingegen ihre eigene Bedeutung für das Gedenken an den Verstorbenen: »Der Tod entriss uns den Trefflichen, als ich dreizehn Jahre alt war; die jüngere Schwester nahm aus meinem reiferen Anschauungsvermögen die Züge seines Bildes auf, das sich ihr unmittelbar noch nicht hatte einprägen können.«

Carolines Selbstbewusstsein schloss jedoch Selbstkritik nicht aus. So fragte sie sich in ihren Aufzeichnungen: »Wenn alle Menschen so schnell von einer Empfindung zu andren übergehen als ich – welch ein unzuverlässiges Wesen ist da der Mensch?« Um ihren Phantasien nicht hilflos ausgeliefert zu sein, suchte sie nach einem festen Halt. Der Vater, der ihr diesen zumindest zeitweise geboten hatte, war nun nicht mehr da, die Mutter hatte wenig Verständnis für das Denken und Verhalten ihrer ältesten Tochter – die beiden Frauen waren einfach zu verschieden –, und Charlotte war zu jung. Mit ihren existentiellen Fragen, von denen Caroline sich bedrängt fühlte, blieb sie daher allein, wie ihren Aufzeichnungen zu entnehmen ist. Sie fühlte sich oft als Außenseiterin. So erzeugte zum Beispiel das überwältigende Naturereignis des Rheinfalls bei Schaffhausen in ihrer Seele nicht das nachhaltige Staunen, das sie erwartet hatte und bei den anderen Reisenden zu entdecken glaubte. »Ich war so trunken von dem herrlichen Anblick, dass ich, als ich eine Viertelstunde von demselben weg war, kein deutliches Bild mehr davon in meiner Einbildungskraft hatte«, wunderte sie sich. Es ist die Flüchtigkeit ihrer Wahrnehmungen und ihrer Gefühle, die sie ein Leben lang irritieren und von anderen Menschen isolieren sollte. Vielleicht war es diese Erfahrung, die sie an ihrem Lebensende das Fazit ziehen ließ: »Es lag ein unversiegbarer Quell der Heiterkeit, der Freude am Dasein in mir; ich hätte eins der glücklichsten Wesen werden können, und wurde sehr unglücklich.«

Zu dem emotionalen Schmerz, den der frühe Tod des Vaters den beiden Schwestern und ihrer Mutter zugefügt hatte, gesellten sich bald handfeste finanzielle Probleme, die sich durch die Verlobung der erst 16-jährigen Caroline mit dem wohlhabenden Rudolstädter Regierungsrat Friedrich Wilhelm Ludwig von Beulwitz lösen ließen. Er war acht Jahre älter als sie und sehr wohlhabend. Sie liebte ihn nicht, ließ sich jedoch ihrer Mutter zuliebe auf die Verbindung ein. Fünf Jahre später, als sie das passende Alter erreicht hatte, fand die Hochzeit statt.

Von Anfang an wusste Caroline, dass sie den falschen Mann geheiratet hatte. Es war nicht seine Schuld, sie hatte ihm nichts vorzuwerfen und charakterisierte ihn als ehrlich, edel und verständnisvoll. Doch sein Lebensentwurf stimmte in gar keiner Hinsicht mit ihrem überein. Ein häusliches Leben im Wohlstand war ihr zu wenig. Sie träumte davon, einen Salon zu führen, in dem sich illustre Gäste zum intellektuell anspruchsvollen Gespräch trafen.

Weiterhin wohnte sie in Rudolstadt eng mit ihrer Mutter und ihrer Schwester zusammen – ihre Häuser grenzten aneinander. Die beiden Schwestern sahen sich nach wie vor häufig. Sie besuchten die Naturaliensammlung, das Kupferstichkabinett und die Bibliothek, wo sie Bücher ausliehen, sie gemeinsam lasen und besprachen.»Oft erschienen wir uns selbst als verwünschte Prinzessinnen«, erinnert sie sich in ihrer Schiller-Biografie *Schillers Leben* (1830),»auf Erlösung aus dieser Einförmigkeit hoffend.« Besonders trostlos waren die Wintermonate.

Einer der wenigen Auswege aus der Gleichförmigkeit war die Korrespondenz mit ihrem Cousin Wilhelm von Wolzogen. Doch es sollte einige Jahre dauern, bis dieser mit einem Freund zu Besuch kommen und das Leben der beiden Schwestern radikal verändern würde.

An einem trüben Wintertag im Dezember 1787 trafen zwei bis zur Unkenntlichkeit in Mäntel eingehüllte Reiter in Rudolstadt ein. Den Schwestern erschienen beide fremd, so Caroline, dann entdeckten sie in einem der beiden Vermummten aber Wilhelm von Wolzogen, der ihnen seinen Schulfreund vorstellte: den Dichter Friedrich Schiller.

Von Anfang an war die Anziehung zwischen Caroline, Charlotte und Schiller eine gegenseitige: Er verliebte sich in beide Schwestern, und sie sich in ihn.»Ihre beiderseitige gute Harmonie ist ein schöner Genuss für mich, weil ich Sie in meinem Herzen vereinige, wie Sie sich selbst vereinigt haben«, sollte er später Charlotte gestehen.

Bereits im nächsten Jahr folgte er Charlottes Einladung, eine Weile bei ihnen auf dem Land zu leben und zu arbeiten. Sie besorgte ihm eine Wohnung im Nachbarort Volkstedt – und Schiller fühlte sich wohl:»Es war ein gar lieblicher, vertraulicher Abend, der mir für diesen Sommer die schönsten Hoffnungen gibt«, schrieb er am 26. Mai 1788 an Charlotte.»Mehr solche Abende und in so lieber Gesellschaft – mehr verlange ich nicht.« In einem Brief an seinen Freund, den Schriftsteller Christian Gottfried Körner, vermutete er, dass ihm die»Trennung von diesem Hause« schwerfallen werde, weil er»durch keine leidenschaftliche Heftigkeit, sondern durch eine ruhige Anhänglichkeit«, die sich nach und nach entwickelt habe, daran gebunden sei.»Mutter und Töchter sind mir gleich lieb und wert geworden und ich bin es ihnen auch.«

Um ihnen noch näher zu sein, zog Schiller im August von Volkstedt nach Rudolstadt. Erst im November reiste er zurück nach Weimar und meldete sich umgehend bei den Schwestern mit den Worten: »Ich kann mir nicht einbilden, dass alle diese schönen seelenvollen Abende, die ich bei Ihnen genoss, dahin sein sollen; dass ich nicht mehr wie diesen Sommer meine Papiere weglege, Feierabend mache, und nun hingehe, mit Ihnen mein Leben zu genießen.« Körner erklärte er rückblickend, er habe im letzten Sommer bei den Schwestern in Rudolstadt »Herzlichkeit, Feinheit und Delikatesse, Freiheit von Vorurteilen« erfahren sowie sehr viel Sinn für das, was ihm lieb und teuer sei. Es habe ihm gutgetan, mit Menschen zusammen zu sein, »denen die Freiheit des andern heilig ist.«

Im August 1789 schlug Caroline Schiller vor, ihre Schwester zu heiraten. Sie hatte erkannt, dass Schiller Charlotte favorisierte, und ermutigte ihn, ihr einen Heiratsantrag zu machen. Auf diese Weise ließe sich ein Zusammenleben zu dritt am besten realisieren. Schließlich hatten sie in diesem Sommer viel Zeit miteinander verbracht und sich dabei sehr glücklich gefühlt. Sowohl Schiller als auch Charlotte erklärten sich einverstanden. Auch nach der Verlobung fuhr er fort, beiden Schwestern zu schreiben. Er versicherte Charlotte, dass seine Liebe zu Caroline ihr nichts von seiner Liebe nehme; die ältere Schwester, schreibt er, »habe zwar mehr Empfindungen in mir zur Sprache gebracht als Du, meine Lotte – aber ich wünschte nicht um alles, ... dass Du anders wärest als Du bist. Was Caroline vor Dir voraus hat, musst Du von mir empfangen; Deine Seele muss sich in meiner Liebe entfalten, und *mein* Geschöpf musst Du sein ...«

Schiller fand es verlockend, sich nicht auf einen einzigen Menschen beschränken zu müssen, sondern jeder der beiden Schwestern liebend gerecht zu werden. Sie sollten sich nicht als Rivalinnen verstehen, sondern als um ihrer selbst willen Geliebte. Dabei konnte er verschiedene Facetten seiner Persönlichkeit ausleben. Wenn er an Charlotte schrieb, wählte er andere Worte als bei Caroline. Nicht selten wandte er sich an beide:

Möchten Sie, oder möchte vielmehr das Schicksal Sie beide nie weit auseinanderführen, wenn es möglich ist. Es ist gar niederschlagend für mich, wenn ich Sie mir getrennt denke, weil ich dann immer eine, wo nicht beide, entbehren müsste. Auch Sie würden einander sehr fehlen und nicht mehr ersetzen.

Die Gleichzeitigkeit war ein wichtiges Element dieses ungewöhnlichen Dreierbundes. Niemand wurde bevorzugt, Wertungen fanden nicht statt. Schiller betonte, »dass ich dem andern nicht entziehe, was ich dem einen bin. Frei und sicher bewegt sich meine Seele unter Euch – und immer liebevoller kommt sie von einem zu dem andern zurück.« Sich selbst verstand er als »Stern, der nur verschieden widerscheint aus verschiedenen Spiegeln«.

Verschieden waren auch die Liebeserklärungen der beiden Schwestern an ihn: »Mögen Sie immer gute und frohe Geister umschweben und die Welt in einen schönen Glanz sie einhüllen lieber Freund«, wünschte Charlotte. »Ich möchte Ihnen gern sagen, wie lieb mir Ihre Freundschaft ist und wie sie meine Freuden erhöht. Aber ich hoffe, Sie fühlen es ohne Worte. Sie wissen, dass ich wenig Worte finden kann, meine Gefühle zu erklären, und sie andern deutlich zu machen.« Dennoch hoffe sie, dass er so oft wie möglich von sich hören ließe, damit ihr der »Gang seines Geistes« nicht fremd werde und sie ihm folgen könne.

»Ach, ich kenne keinen Ersatz für das, was Sie meinem Leben gegeben haben«, schwärmte Caroline. »So frei und lebendig existierte mein Geist vor Ihnen. So wie Sie hat es noch niemand verstanden, die Saiten meines innersten Wesens zu rühren – bis zu Tränen hat es mich oft bewegt, mit welcher Zartheit Sie meine Seele in trüben Momenten gepflegt, getragen haben.«

Immer wieder beschwört Schiller in seinen Briefen an die Schwestern ihren Dreierbund:

Meine Seele ist jetzt gar oft mit den Szenen der Zukunft beschäftigt; unser Leben hat angefangen, ich schreibe vielleicht auch, wie jetzt, aber ich weiß euch in meinem Zimmer, Du, Caroline, bist am Klavier und Lottchen arbeitet neben Dir, und aus dem Spiegel, der mir gegenüber hängt, seh ich euch beide.

Nun galt es, die Mutter der beiden angebeteten Schwestern zu informieren und um ihre Genehmigung zu bitten. Wie schon bei der Aufforderung an Schiller, um Charlottes Hand anzuhalten, ergriff auch diesmal Caroline die Initiative. Ihre Mutter zeigte sich »erschüttert.« Die Überraschung sei groß gewesen und habe sie sprachlos werden lassen, so dass sie zu keiner Antwort fähig gewesen sei. Doch nach kurzer Überlegung hatte sie zugestimmt, nicht ohne sich bei ihrem zukünftigen Schwiegersohn nach seinen finanziellen Verhältnissen zu erkundigen. Er hatte zwar vor kurzem bereits eine Professur in Jena erhalten, doch diese war nicht dotiert. Als ihm vom Herzog von Weimar allerdings ein festes Gehalt versprochen und vom Herzog von Sachsen-Meiningen der Titel eines Hofrats erteilt wurde, war der letzte Hinderungsgrund aus dem Weg geräumt. Am 22. Februar 1790 wurden Charlotte und Schiller in der Dorfkirche von Wenigenjena im Beisein von Charlottes Mutter und Schwester getraut. Sie feierten das Ereignis zu viert in Schillers Wohnung.

Im Jahr nach der Hochzeit erkrankte Schiller schwer an einer Lungenentzündung, zu der noch eine Rippenfellvereiterung und eine Bauchfellentzündung kamen. Er sollte nie wieder ganz gesund werden.

1793 wurde das erste Kind, Karl, geboren. Es folgten 1796 Ernst, 1799 Caroline and 1804 Emilie. Nach der Geburt der kleinen Caroline wurde Charlotte schwer krank: Nervenfieber mit Wahnvorstellungen, Delirien und Apathie. Außer ihrer Mutter und ihrem Ehemann wollte sie niemanden sehen – überraschenderweise auch nicht ihre Schwester.

Caroline trennte sich 1794 von Beulwitz. Anstatt sich scheiden zu lassen, wurden sie nach 10-jähriger ›ehelicher Unverträglichkeit‹ in den Stand der Ehelosigkeit zurückversetzt. Das eröffnete beiden die Möglichkeit, ohne Probleme eine neue offizielle Verbindung einzugehen. Caroline tat das noch im selben Jahr: Sie heiratete Wilhelm von Wolzogen, mit dem sie sich seit ihrer Jugend eng verbunden fühlte. Schiller äußerte sich abfällig darüber. Er fand die Eheschließung seines Freundes mit seiner Schwägerin übereilt, so dass er sich nicht imstande fühlte, ihr seinen Segen zu geben. Vor allem vermisste er bei ihr den Wunsch, ihren Ehemann glücklich zu machen, was er für die erste Pflicht einer Ehefrau hielt. Darüber hinaus bemängelte er Carolines Unbeständigkeit und Flatterhaftigkeit. Auch Charlotte missbilligte den Lebenswandel ihrer älteren Schwester: »Sie liebte so oft, und doch nie recht; denn wahre Liebe ist ewig wie das Wesen, aus dem sie entspringt. Und eben, weil sie nicht liebte, sucht immer das Herz noch einmal die Sehnsucht zu stillen.«

1795 brachte Caroline ihren Sohn Adolph zur Welt und gab ihn in die Obhut einer Pflegestelle. Erst als Wilhelm durch Vermittlung Schillers als Kammerherr und Kammerrat in Sachsen-Weimarische Dienste trat, nahmen er und Caroline ihren Sohn wieder zu sich. Sowohl der tatsächliche Geburtstermin Adolphs als auch die Vaterschaft warfen Fragen auf und boten Anlass zu verschiedenen Mutmaßungen, die Caroline souverän aus dem Weg räumte. Weimar wurde zu ihrem Lebensmittelpunkt, sie tauchte in das vielfältige kulturelle und gesellschaftliche Leben der Stadt ein, hatte einige Affären und begann zu schreiben. Schiller veröffentlichte 1796 ihren Roman *Agnes von Lilien* in seiner Zeitschrift *Die Horen* als Fortsetzungsroman. Anonym – so dass das Rätselraten begann. Sogar Goethe wurde als Autor vermutet, da man in diesem Bildungsroman einer Frau Parallelen zu seinem *Wilhelm Meister* (1795/96) zu entdecken glaubte. Goethe sah keinen Grund, die Autorenschaft zu dementieren, sondern bat Schiller in einem Brief vom Dezember 1796: »Lassen Sie mir so lange als möglich die Ehre, als Verfasser der Agnes zu gelten.« Das tat er nicht von ungefähr: Der Roman war ein großer Erfolg.

Bis zu Wilhelms Tod im Oktober 1809 lebte Caroline mit ihm zusammen. Sie war eine hervorragende Gastgeberin, führte den Haushalt vorbildlich und pflegte ihren Mann während seiner schweren Krankheit, die ihn 1807 ereilt hatte. Wilhelm wusste das zu schätzen. Für ihn war sie »einer der schönsten Charaktere«, die er in seinem Leben kennengelernt hatte:

> *[…] so viel Geist, mit so unendlich großer Sanftmut; so viel herzliche Liebe mit solchem Drang nach hohen Gegenständen; so unbegreiflich einfach, und doch so viel umfassend; eine gute Hausfrau, eine zärtliche Mutter, und doch Schöpferin von Welten, die ihre schöne Phantasie in solcher Harmonie ordnet.*

Ob Caroline diese Liebeserklärung jemals zu Ohren gekommen ist, ist nicht bekannt. Er hatte sie einem Freund anvertraut und mit dem Satz geendet: »Ich kann Ihnen nicht beschreiben, lieber Freund, wie unendlich glücklich ich die Jahre war, die ich mit dieser ausgezeichneten Frau verlebte.«

Vier Jahre vor Wilhelm, am 9. Mai 1805, starb Friedrich Schiller im Alter von 45 Jahren an einer Lungenentzündung. Seinem Tod war mehr als ein Jahrzehnt der Krankheit vorausgegangen. In ihrem Buch *Schillers Leben, verfaßt aus Erinnerungen der Familie, seinen eigenen Briefen und den Nachrichten seines Freundes Körner* widmete Caroline den letzten Lebensjahren ihres Schwagers und seinem Tod ein umfangreiches Kapitel. Dass sein Leben kurz sein würde, habe er geahnt und zum Schluss eine »große Sehnsucht nach mannigfacher Weltanschauung auf Reisen« gehabt, die sie und ihre Schwester durch intensives Pläneschmieden zu stillen versucht hatten. Am liebsten sei es ihm gewesen, nur sie und ihre Schwester um sich herum zu haben. Die letzten an sie gerichteten Worte waren die Antwort auf ihre Frage, wie es ihm gehe: »Immer besser, immer heitrer.« Ihrer Schwester habe er die Hand gedrückt, bevor er sanft entschlief.

Mehr oder weniger indirekt betonten sowohl Charlotte als auch Caroline weiterhin die Exklusivität ihrer Beziehung zu dem geliebten Verstorbenen. Niemand habe wie sie »den ganzen Reichtum seines Herzens« gekannt, versicherte Charlotte; und Caroline berichtete, er sei ihr so lebendig in ihren Träumen erschienen, dass sie an eine Erscheinung glaubte. Sie beendete die Schilderung ihres Traumes mit der Feststellung: »Der Tod Schillers war das erste tiefe Unglück in meinem Leben, u. seitdem brach eine Verkettung unglücklichen Geschicks auf mich ein.« Offensichtlich war es Schiller gelungen, jeder von ihnen ein Gefühl der Einzigartigkeit zu vermitteln, so dass Rivalität, wenn sie einmal zwischen den Schwestern auftauchte, schon im Keim erstickt wurde. Auch in der Trauer konzentrierte sich jede auf sich selbst und machte der anderen keine Vorwürfe.

Schillers Leben veröffentlichte Caroline 25 Jahre nach Schillers Tod. Ihre Schwester erlebte die Publikation nicht mehr. Charlotte starb am 9. Juli 1826 nach einer Augenoperation im Alter von 59 Jahren – einer der vielen schweren Schicksalsschläge, die Caroline zu verkraften hatte. Zuvor hatte sie nicht nur Friedrich Schiller und ihren Ehemann, sondern auch ihren Sohn (1825) und eine Vielzahl enger Freunde verloren, so dass sie irgendwann klagte, ihre »Geliebtesten« seien »drüben« und sie hoffe, bald mit ihnen vereint zu sein. Zwangsläufig zog sie sich aus dem gesellschaftlichen Leben Weimars zurück. Ab 1825 wohnte sie in Jena, wo sie am 11. Januar 1847 starb und auf dem alten Friedhof ihre letzte Ruhestätte fand. ❖

Annette und Jenny von Droste-Hülshoff

❖ Als Annette von Droste-Hülshoffs erster Gedichtband 1838 erschien, war die Reaktion darauf für sie enttäuschend: Ihre Umgebung reagierte mit Gleichgültigkeit oder sogar Spott. Nur wenige Exemplare wurden verkauft. Die 41-jährige Annette vertraute sich ihrer zwei Jahre älteren Schwester Jenny an und schrieb ihr im Januar 1839: »Mit meinem Buche ging es mir zuerst ganz schlecht.« Obwohl ihr das Urteil der Menschen, die mit Ablehnung reagierten, eigentlich nichts bedeute, sei ihr »schlecht zu Mute«. Schließlich handle es sich dabei um Menschen, mit denen sie gut bekannt, teilweise sogar verwandt sei. Sie müsse »zwischen diesen Leuten leben«, die sie »bald auf feine, bald auf plumpe Weise verhöhnten und aufziehn wollten«. Wie sollte sie darauf reagieren? »Ganz wunderlich« habe man sich ihr gegenüber verhalten, als ob man sich ihrer schämen würde. Mehr noch: Ihre Gedichte habe man für »reinen Plunder« erklärt, »für unverständlich, konfus«. Man verstehe nicht, »wie eine scheinbar vernünftige Person solches Zeug habe schreiben können. Nun tun alle die Mäuler auf und begreifen alle miteinander nicht, wie ich mich habe so blamieren können.«

Nicht ohne Grund hatte sich Annette in ihrem Unmut an ihre Schwester gewandt: Von Anfang an war Jenny ihre Verbündete, die fest an die Begabung ihrer Schwester glaubte und ihren Arbeitsdrang bewunderte. Bereits 1813 ist in Jennys Tagebuch zu lesen: »Nette schreibt ein Trauerspiel aus meinem Tintenfass, und jetzt ist nur noch der Bodensatz darin; ich muss Wasser zugießen.«

Die 16-jährige Annette schrieb wie im Rausch, als müsse sie die Gedanken, Bilder und Szenen, die ihr durch den Kopf gingen, so schnell wie möglich aufs Papier bringen. Jenny war beeindruckt von diesem Überschwang an Phantasie, dem Annette regelrecht ausgeliefert zu sein schien. Doch gerne gesehen wurde das in ihren Kreisen nicht. Eine Frau sollte nicht lesen, diskutieren oder gar schreiben, vor allem nicht an die Öffentlichkeit gehen, sondern ihr Zuhause verschönern – ganz so wie Jenny es tat. »Jenny malt recht viel, und macht die übrige Zeit feine Handarbeiten«, notierte Annette 1819 in ihrem Tagebuch. Sie selbst hatte jedoch einen anderen Plan für ihr Leben: »Ich mag und will jetzt nicht berühmt werden, aber nach hundert Jahren möcht ich gelesen werden.«

Von Annettes Extrovertiertheit und Selbstdarstellungsdrang – sie wusste in Gesellschaften durch ihre Beredsamkeit auf sich aufmerksam zu machen – fühlte sich Jenny manchmal »ennuyiert«. Zwar war auch sie selbst kulturell und intellektuell interessiert, doch übte sie sich bei Zusammenkünften eher in Zurückhaltung – im Gegensatz zu ihrer manchmal aufdringlichen Schwester. Dennoch schwingt in ihren Tagebucheintragungen auch Bewunderung mit: »Nette spielte nach dem Essen Klavier und sang. Es machte allen viel Freude.«

Die Musik war aus Jennys und Annettes Elternhaus nicht wegzudenken: Schon früh besuchte die Familie gemeinsam Konzerte, alle vier Kinder genossen eine fundierte musikalische Ausbildung, Jenny und Annette erhielten Gesangs- und Klavierunterricht. Darüber hinaus lernte Annette bei ihrem Onkel Maximilian, einem Freund Joseph Haydns, das Komponieren. Über 70 Liedkompositionen sind von ihr erhalten. Sogar zu einigen Opernprojekten existieren Libretti und musikalische Entwürfe. Doch es war vor allem das alltägliche Musizieren, das spontane gemeinsame Singen, das sie liebte und das Jenny und sie miteinander verband.

Maria Anna, genannt Jenny, wurde am 2. Juni 1795, Anna Elisabeth, genannt Annette, am 10. Januar 1797 auf der Wasserburg Hülshoff bei Münster geboren. Zusammen mit den beiden Brüdern – Werner-Constantin, geboren 1798, und Ferdinand, geboren 1800 – wuchsen die Schwestern wohlbehütet in der westfälischen Adelswelt auf. Ihre Eltern waren Clemens August Freiherr von Droste zu Hülshoff und seine Frau Therese, geborene Freiin von Haxthausen. Diese berichtete ihrer Schwester ausführlich über ihr Familienleben. Sie nannte ihre Kinder »Friedensstörer«, »Trabanten«, »kleines Gesindel«, die sie viel Zeit und Geduld kosteten. Ihre beiden Töchter unterrichtete sie selbst und führte sie in die Weltliteratur ein. »Mama las uns Shakespeares *Was ihr wollt* vor, und wir betrachteten aufmerksam das Bild im Speisezimmer, das eine Szene draus vorstellt und dessen Inhalt wir nie recht wussten«, notierte Jenny 1813 in ihrem Tagebuch. Für Annette waren die Lesungen ihrer Mutter »Gold wert«. Als diese immer weniger Zeit dafür hatte, beklagte sich Annette bei ihrer Tante Dorly.

Annette war von Anfang an ein Sorgenkind, was ihre Gesundheit betraf. Sie kam als Frühgeburt zur Welt und verdankte es dem unermüdlichen Einsatz ihrer Amme, Katharina Plettendorf, dass sie überhaupt am Leben blieb. Annette wusste, was sie »ihrer Alten«, die für sie der Inbegriff von Kindheitsidyll und Geborgenheit war, zu verdanken hatte. Die hochgeschätzte Frau wurde von der Dichterin zeitlebens unterstützt und, als sie selbst erkrankte, von ihr liebevoll gepflegt.

Obwohl Annette klein, zart und kränklich blieb, fehlte es ihr nicht an Mut und Abenteuerlust. Voller Begeisterung streifte sie durch die Umgebung des elterlichen Schlosses: Wiesen, Felder, Wald und Moor wurden von ihr genauso gründlich erkundet wie entlegene Kammern des Gebäudes. Drei Jahre vor ihrem Tod sollte sie sich in *Das erste Gedicht* (1846) daran erinnern, wie sie die »schwer verpönte Wendelstiege« im Schlossturm heraufgeklettert war, um dort auf dem »Hahnenbalken« ihr erstes literarisches Werk zu verstecken:

> *Das sollten Enkel finden,*
> *wenn einst der Turm zerbrach,*
> *Es sollte etwas künden,*
> *Das mir am Herzen lag.*

Im Gegensatz zu ihrer kleinen Schwester war Jenny ein ausgeglichenes Kind, das von allen aufgrund seiner Freundlichkeit und Hilfsbereitschaft geliebt wurde. In sich ruhend und eher introvertiert war sie nicht auf Beifall aus.

Im Alter von 18 Jahren lernte sie Wilhelm Grimm kennen, mit dem sie eine langjährige Brieffreundschaft hegte, die zeitweise eine unerfüllte Liebe erahnen ließ. Seinem Bruder Jakob schilderte er die erste Begegnung im Juli 1813: »Es war eine große Gesellschaft, eine verheiratete Droste-Hülshoff aus Münster und zwei Mädchen, wovon die älteste Jenny was recht Angenehmes und Liebes hatte.« Damals hatten er und Jakob schon damit begonnen, Märchen und Sagen zu sammeln. »Die Fräulein aus dem Münsterland wussten am meisten, besonders die jüngste, es ist schade, dass sie etwas Vordringliches und Unangenehmes in ihrem Wesen hat, es war nicht gut mit ihr fertig werden«, erzählte er dem Bruder und lieferte umgehend eine Erklärung: »Sie ist mit 7 Monat auf die Welt gekommen und hat so durchaus etwas Frühreifes bei vielen Anlagen. Sie wollte durchaus brillieren und kam vom einen ins andere; doch hat sie mir fest versprochen, alles aufzuschreiben, was sie noch wisse und nachzuschicken.«

Als er auf Jenny zu sprechen kam, änderte sich der Ton: »Die andere ist ganz das Gegenteil, sanft und still; die hat mir versprochen zu sorgen, dass sie Wort hält.« Für ihre Unterstützung bedankte er sich bei Jenny zum Abschied mit einem selbstverfassten Märchen, das er ihr widmete. Sie steuerte seiner Märchensammlung unter anderem *Die zertanzten Schuhe* und *Der Fuchs und das Pferd* bei.

Jenny und Wilhelm sahen sich nicht oft, wie er in einem Brief bedauerte, »und doch fühle ich, dass wir uns näher bekannt sind, als andere, die sich täglich sehen.« 25 Jahre lang sollte ihre Korrespondenz dauern und alles überstehen, was sich den beiden in den Weg stellte, sogar Wilhelms Heirat, von der Jenny erst später und nicht durch ihn erfuhr.

Warum Wilhelm nicht um Jennys Hand angehalten hatte, ist nicht bekannt. Dass die unterschiedlichen Konfessionen – sie war streng katholisch, er streng reformiert erzogen worden – ein wesentlicher Hinderungsgrund gewesen waren, lässt sich nur vermuten. Aus den Briefen und Jennys Tagebüchern spricht phasenweise mehr als Freundschaft. So notierte sie 1818 nach ihrer Begegnung in Kassel: »Wilhelm war so lieb, dass ich einzig auf ihn achtete und nicht weiß, was die andern angefangen haben.« Von der »bitteren Abschiedsstunde« hielt sie fest: »Wilhelm küsste Nette die Hand ... dann mir, wobei wir aber nichts sagten; ich hatte auch in dem Augenblick keine Gedanken, und wenn er etwas sagte, so habe ich es nicht verstehen können.« Wilhelm fiel es nicht leicht, seine Gefühle in Worte zu fassen. Besonders schwer tat er sich mit dem Schreiben: »Ich schreibe ungern einen Brief, oder vielmehr, ich mag nicht anfangen zu schreiben, wenn ich weiß, dass ich wenig und auch dies nur unvollständig und lückenhaft ausdrücken kann.« Er wollte ihr so vieles »sagen und erzählen« und dabei »eins mit dem andern verbinden und in Zusammenhang bringen«, aber das war ihm nur möglich, wenn er es »mündlich tun dürfte«.

Doch nicht nur Jenny blieb das Liebesglück zu dieser Zeit versagt, sondern auch Annette. Ihre Beziehung zu dem Jurastudenten Heinrich Straube wurde im Sommer 1820 zum Anlass einer Familienintrige, die rückwirkend als Annettes Jugendkatastrophe bezeichnet wurde. Eine entscheidende Rolle spielte dabei ihre Tante Anna von Haxthausen. Gemeinsam mit Heinrich Straube und August von Arnswaldt, der auf Annette ebenfalls eine große Faszination ausübte, schmiedete die Tante, die vier Jahre jünger war als Annette, ein Komplott: Arnswaldt, der um seine Wirkung auf Frauen wusste, verführte Annette zu einem Geständnis ihrer Zuneigung für ihn, um sie sofort abzuweisen und Straube davon zu berichten. Arnswaldts Aktion wurde als Treuetest deklariert, den Annette nicht bestanden hatte. Sie wurde als treulos und unehrlich denunziert. Das Motiv für die Intrige blieb ungeklärt.

Es muss für die kluge junge Frau, deren feine subtile Beobachtungsgabe in jedem ihrer Gedichte deutlich wird, besonders schmerzhaft gewesen sein, nicht erkannt zu haben, welch böses Spiel mit ihr getrieben wurde. War es die Reinheit ihrer Gefühle, die Unerfahrenheit in Liebesangelegenheiten oder das kindliche Vertrauen, das sie in Verwandte und Bekannte setzte, was sie zum Opfer des perfiden Komplotts gemacht hatte? Der Verlust des Freundes Heinrich Straube hing ihr lange nach. Konsequent distanzierte sie sich von der involvierten Verwandtschaft. Mit dem Rätsel ihrer eigenen Verführbarkeit und Ahnungslosigkeit blieb sie allein.

Nach dem Tod des Vaters verließen die Schwestern Annette und Jenny 1826 mit ihrer Mutter die Burg Hülshoff und zogen auf deren Witwensitz nach Haus Rüschhaus. Annette sollte dort bis 1846 in ihrem »Schneckenhaus« leben, wie sie ihre kleine Wohnung nannte. Sie war gern allein. Im Gegensatz zu ihrem Bruder Werner-Constantin, der die Einsamkeit für »das größte aller Erdenübel« hielt, hatte sie sich »ihr mit der größten Einseitigkeit ergeben«. Sie betrachtete sie als Voraussetzung für ihr Schreiben. Ein Freund konnte beobachten, womit sie den Tag verbrachte: »Sie las, schrieb, betete, sann, ordnete Münzen und Altertümer, zerklopfte Steine, beobachtete das Treiben der unzähligen Insekten und Wassertierchen im Schilf der Teiche« und schien nichts und niemanden zu vermissen. Dass sie das manchmal doch tat, lassen ihr großer Mitteilungs- und Selbstdarstellungsdrang vermuten. Wenn sie ein Publikum hatte, wurde sie innerhalb kürzester Zeit zur Alleinunterhalterin.

Jenny heiratete mit 39 Jahren den 25 Jahre älteren Germanisten Joseph Freiherr von Laßberg – gegen den Willen ihrer Mutter, die ihn als Ehemann für ihre Tochter zu alt und seinen Wohnsitz in der Schweiz zu weit entfernt von ihrem fand. Jenny begehrte nicht offen auf gegen ihre Mutter, sondern setzte sich, so wie es ihre Art war, still und selbstverständlich durch. Am 18. Oktober 1834 fand die Hochzeit auf Burg Hülshoff statt. Doch nicht nur die Mutter, sondern auch Annette bedauerte, dass Jenny das Rüschhaus verlassen sollte. Der Abschied von ihrer Schwester fiel ihr ungemein schwer. Ihr war bewusst, was sie entbehren würde, war doch Jenny der Mensch, dem sie am meisten vertraute und der einzige, der ihr helfen konnte, wenn sie in verzweifelte und bedrohliche Seelenzustände geriet. Die Dreierkonstellation – Mutter und zwei Töchter – hatte doch so gut funktioniert. Warum musste Jenny sie zerstören?

Vom schweizerischen Kanton Thurgau zogen Jenny und ihr Ehemann auf das Schloss Meersburg am Bodensee. Jenny, »eine hohe schlanke Gestalt mit schwanenhaft vorgebeugtem Hals und feinen edlen Zügen, nicht im Mindesten der Schwester Annette ähnlich«, so der Schriftsteller Levin Schücking, war eine große Pflanzenliebhaberin und -kennerin. Die Umgebung des Schlosses war für sie ein botanisches Paradies. Gerne lud sie Gäste ein, darunter Ludwig Uhland und Gustav Schwab.

Nun voneinander getrennt lebend, führten Jenny und Annette eine intensive Korrespondenz. Im Sommer 1835 kam Annette zum ersten Mal zu Besuch auf die Meersburg und blieb bis zum Herbst 1836 – einer der wenigen Aufenthalte fernab ihres »Schneckenhauses«. In dieser Zeit brachte Jenny ihre Töchter, die Zwillinge Hildegard und Hildegund, zur Welt. Sie wurden zu Annettes Lieblingsnichten.

Das Schloss hoch über dem Bodensee war ein Ort, an dem Annette das Schreiben leicht fiel. In der Familie ihrer Schwester fühlte sie sich geborgen. Insgesamt sieben Jahre – von 1841 bis 1848 mit kurzen Unterbrechungen – lebte und arbeitete sie dort. Sie berichtete einer Cousine:

> *Ich wohne hier sehr angenehm, nach meinem Wunsche wiederum in einem der Türme, aber dieses Mal durch einen gedeckten Säulengang mit dem Schlosse verbunden, mein Quartier ist ungemein hell und freundlich, und hat die Aussicht über den ganzen See. Ich komme auch selten heraus, außer zum Mittag- und Abendessen, Jenny und die Kinder aber oft zu mir.*

Im Winter 1841/42 erlebte Annette auf der Meersburg eine äußerst produktive Schaffensphase. 1842 publizierte sie ihr wohl bekanntestes Werk, die Novelle *Die Judenbuche*. Auf den ersten Blick eine Kriminalgeschichte, ist die unterschiedliche Wahrnehmung der Realität ihr eigentliches Thema. Es zieht sich wie ein Leitmotiv durch Annettes gesamtes Werk. In ihrer Schaffensphase blieb Jenny zeitlebens eine verlässliche Begleiterin und Unterstützerin, die manchmal Annettes unleserliche Manuskripte abschrieb. Ihre eigene künstlerische Leidenschaft galt aber der Malerei. Sie fertigte auch einige Porträts ihrer Schwester an.

Eine »inspirierende Macht« bei der Entstehung ihrer Gedichte attestierte Levin Schücking Annette, mit dem sie eine enge Freundschaft verband und der den Winter 1841/42 mit ihr auf der Meersburg verbrachte, was in ihrer Umgebung Grund für verschiedene Mutmaßungen bot. Der 17 Jahre jüngere Mann war dort durch ihre Vermittlung eingestellt worden, um die Bibliothek der Familie Laßberg zu katalogisieren. Mit ihm unternahm sie lange Spaziergänge am See, bei denen sie über ihre Dichtkunst sprachen. Schücking ließ die Freundin in seinem Buch *Annette von Droste. Ein Lebensbild*, das er 14 Jahre nach ihrem Tod veröffentlichen sollte, lebendig werden:

Der ganze Kopf aber war zumeist etwas vorgebeugt, als ob es der
zarten Gestalt schwer werde, ihn zu tragen; oder wegen der Ge-
wohnheit, ihr kurzsichtiges Auge ganz dicht auf die Gegenstände
zu senken. Zuweilen aber hob sie den Kopf, um ganz aufrecht
den zu fixieren, der vor ihr stand; und namentlich dann, wenn
sie irgendeine humoristische Bemerkung oder einen Scherz
machte; dann hob sich lächelnd ihr Haupt, und wenn sie neckte,
lag dabei auf ihrem Gesichte etwas von einem vergnügten Selbst-
bewusstsein, von einem harmlosen Übermut, der aus dem ganz
außergewöhnlich großen, trotz seiner Gutmütigkeit so scharfbli-
ckenden Auge leuchtete.

Neben ihrer Schwester Jenny war er der Mensch, dem sich Annette am
stärksten verbunden fühlte. In ihrem Gedicht *An Levin Schücking*
heißt es:

> *Blick in mein Auge – ist es nicht das deine,*
> *Ist nicht mein Zürnen selber deinem gleich?*
> *Du lächelst – und dein Lächeln ist das meine,*
> *An gleicher Lust und gleichem Sinnen reich;*
> *Worüber alle Lippen freundlich scherzen,*
> *Wir fühlen heil'ger es im eignen Herzen.*

Schücking charakterisierte die Dichterin als »ganz durchgeistigte,
leicht dahinschwebende, bis zur Unkörperlichkeit zarte Gestalt«, die
für ihn »etwas Fremdartiges, Elfenhaftes« hatte – »sie war fast wie ein
Gebilde aus einem Märchen«. Als »auffallend schön« bezeichnete er
ihren zierlichen, kleinen Mund »mit den beim Sprechen von Anmut
umlagerten Lippen und feinen Perlenzähnen«.

Weiter berichtete er, sie habe ihrem Aussehen viel Aufmerksamkeit
geschenkt. So sei sie auf ihre Schlankheit stolz gewesen und habe es
sehr bedauert, als sie mit dem Alter zunahm. (In ihren letzten Lebens-

jahren habe sie mehrfach die Hoffnung geäußert, wieder so dünn zu werden und sich so flink bewegen zu können wie früher und so, wie es ihrer Geistestätigkeit entsprach.) Ihre Flexibilität konnte auf ihre Gesprächspartner verstörend wirken. Die Wandlungsfähigkeit ihres Gesichtsausdrucks verunsicherte so manches Gegenüber.

Annette konnte rasch von Stolz und Unnahbarkeit zu Freundlichkeit und Anmut wechseln. Als geschickter Selbstdarstellerin und -beobachterin war ihr das bewusst, wie sie ironisch bemerkte: »das geht vorüber, und dann bleibt nur etwas Gutmütiges und fast peinlich Sittsames zurück«. Und genau so hat auch Jenny ihre Schwester gemalt: Eine von ihr angefertigte Miniatur zeigt Annette in hellblauem Kleid mit Spitzenkragen. Die Haltung vermittelt durch den etwas vorgebeugten Kopf etwas Scheues und Erwartungsvolles – vielleicht der Blick der älteren auf die jüngere Schwester, die nicht aufhört, das Kind in ihr zu sehen?

In ihren letzten Lebensjahren hatte Annette immer wieder mit Krankheiten zu kämpfen. Auf Phasen der Niedergeschlagenheit und Mutlosigkeit folgten hoffnungsvolle, in denen sie ihrer Cousine berichtete:

Auf meine Gesundheit wirkt das Klima bereits sehr gut, meine Kopf- und Magenschmerzen sind verschwunden, nur mit dem Gehen sieht es noch pauvre aus, und dann habe ich seit meiner Ankunft einen argen Husten, wohl durch eigne Schuld, von wegen der Cabriölchen-Fahrt, im Staubregen und ohne Verdeck.

Jenny blieb stets an ihrer Seite.

Am 24. Mai 1848 starb Annette im Alter von 51 Jahren in ihrem Turmzimmer auf der Meersburg. Zwei Tage später wurde sie auf dem Meersburger Friedhof begraben. Elf Jahre später, am 29. Dezember 1859, starb Jenny an Tuberkulose in Münster – nach dem Tod ihres Ehemannes war sie in ihre westfälische Heimat zurückgekehrt. Sie wurde 64 Jahre alt.

Levin Schücking hatte Meersburg bereits 1843 verlassen und die Schriftstellerin Louise von Gall geheiratet. Obwohl dies für Annette einen tiefen Einschnitt bedeutete, kümmerte er sich weiterhin um die Publikation und Rezeption ihrer Werke. Er war von der hohen Qualität und Einzigartigkeit von Annettes Dichtkunst überzeugt und setzte sich für die Veröffentlichung ihrer Gedichte und Prosatexte ein, darunter auch *Die Judenbuche*, die im *Morgenblatt für gebildete Leser* abgedruckt wurde. Dieses gehobene Unterhaltungsmagazin erschien im Verlag der Cotta'schen Buchhandlung in Stuttgart.

Schücking wollte die Dichterin nicht nur selbst so in Erinnerung behalten, wie er sie kennengelernt hatte, er wollte, dass auch die Nachwelt sie so sah. 1862, 14 Jahre nach ihrem Tod, gab er eine Büste bei Karl Hassenpflug in Auftrag. Der Bildhauer hatte Annette gekannt und gestaltete sie als eine Frau von strenger Schönheit. Auffällig ist der konzentrierte Blick der Dichterin, der sowohl in die Weite als auch nach innen zu schauen scheint. ❖

Charlotte, Emily und Anne Brontë

❖ Im Juni 1849 schrieb die 33-jährige Charlotte Brontë an ihren Verleger William Smith Williams unter dem Eindruck des Todes ihrer jüngsten Schwester: »Ich habe Anne zu Gott gehen lassen und hatte das Gefühl, dass er ein Anrecht hatte auf sie. Emily konnte ich dagegen kaum loslassen. Ich wollte sie zurückhalten und auch jetzt noch wünsche ich sie mir zurück.« Innerhalb von acht Monaten waren ihre drei Geschwister verstorben: im September 1848 ihr Bruder Branwell mit 31 Jahren; drei Monate später Emily mit 30 Jahren. Anne, die im Mai 1849 starb, wurde 29 Jahre alt. »Papa hat jetzt nur noch mich, das schwächste, kümmerlichste und am wenigsten vielversprechende seiner sechs Kinder. Die Schwindsucht hat alle fünf dahingerafft«, klagte Charlotte.

Der Tod war ein beständiger immer wiederkehrender Gast im Hause Brontë – angefangen mit der Mutter. Maria Branwell, seit 1812 mit Patrick Brontë verheiratet, bekam in der Zeit von 1814 bis 1820 sechs Kinder: Maria (1814), Elizabeth (1815), Charlotte (1816), Branwell (1817), Emily (1818) und Anne (1820). Im Februar 1821 starb

Maria an Krebs. 1825 folgten ihr die beiden Ältesten, Maria und Elizabeth. Patrick, der kurz vor dem Tod seiner Frau die Pfarrstelle des im Hochmoor von Yorkshire gelegenen Ortes Haworth übernommen hatte, hatte seinen Töchtern etwas Gutes tun wollen, als er sie auf die Internatsschule von Cowan Bridge schickte. Er konnte nicht ahnen, dass er sie damit ins Unheil stürzte.

So früh wie möglich wollte Patrick Brontë seinen Kindern das zuteilwerden zu lassen, was er als Kind entbehrt hatte: Bildung. Der in der Nähe von Belfast geborene irische Bauernjunge wusste, wie wichtig Bildung war, und hatte sie sich erkämpft. Seine Zielstrebigkeit, sein Fleiß und sein Bildungshunger hatten ihn immer wieder Unterstützer und Förderer finden lassen, so dass er schließlich nach dem Besuch einer Methodisten-Akademie ein Studium in Cambridge absolviert und mit dem Bachelor of Arts abgeschlossen hatte. 1806 hatte er seine erste Stelle als Vikar in Wethersfield angetreten, auf die weitere Anstellungen als Hilfspfarrer folgten sowie 1820 die Übernahme der Pfarrei der Kirche St. Michael and All Angels in Haworth. Brunty, seinen ursprünglichen Namen, hatte er bereits während seiner Zeit in Cambridge in Brontë geändert – eine Reminiszenz an den siegreichen Admiral Nelson, der nach seinem Sieg über Napoleon zum ›Duke of Brontë‹, einer Grafschaft in Sizilien, ernannt worden war. Damit lenkte er von seiner irischen Vergangenheit ab und verlieh darüber hinaus seinem Namen durch das außergewöhnliche Trema eine besondere Eleganz.

Für die Laufbahn eines Geistlichen hatte er sich entschieden, weil sie ihm neben der existentiellen Sicherheit die Möglichkeit gab, seinen Neigungen nachzugehen: Lernen, Lesen und Schreiben. Nicht nur Predigten und religiöse Schriften, sondern auch Gedichte. Diese Tätigkeit habe ihn mit einem solch »unbeschreiblichen Glücksgefühl« erfüllt, »dass er sich wünschte, es möge ein Leben lang andauern«, lautete der Kommentar zu seinem ersten Gedichtband *Cottage Poems* (1811).

Nach dem Tod seiner Frau Maria, die er sehr geliebt hatte, versuchte Patrick Brontë eine neue Beziehung einzugehen – die Kinder brauchten schließlich dringend eine Mutter. Doch es misslang: Keine der in Frage kommenden weiblichen Bekannten wollte einen Witwer mit sechs Kindern heiraten. Schließlich war es seine Schwägerin Elizabeth Branwell, die während der Krankheit ihrer Schwester schon einige Male den Haushalt geführt hatte und sich nun bereit erklärte, ganz nach Haworth zu ziehen. Sie wird allgemein als selbstbewusste, eigenwillige Frau charakterisiert, die großen Wert auf ihre Unabhängigkeit legte. »Sie war lebhaft und intelligent und scheute sich nicht, Mr Brontë zu widersprechen«, berichtete Ellen Nussey, Charlotte Brontës Freundin, die oft bei den Brontës zu Besuch war. »Ab und an genehmigte sie sich etwas Schnupftabak aus einer sehr hübschen goldenen Dose, die sie uns dann mit einem kleinen Lachen präsentierte, ganz so, als würden ihr unsere schockierten und erstaunten Gesichter ein besonderes Vergnügen bereiten.«

Mit Hilfe der Tante ließ sich ein geregeltes Familienleben – ohne Zwang – kreieren. Zwischen den Mahlzeiten wurden die Mädchen von ihr in den Fächern Lesen, Rechnen, Französisch, Nähen und Handarbeiten unterrichtet. Um die Ausbildung des einzigen Sohnes kümmerte sich der Vater. Neben den Pflichten blieb den Kindern viel Zeit zum Spielen – vor allem draußen im Moor. Dabei entwickelten alle sechs ein Freiheitsgefühl und eine Naturverbundenheit, die später in ihre Literatur Einzug halten sollten. Die wilde, sturmgepeitschte Landschaft, die das einsame Pfarrhaus umgab, ist eine der wesentlichen Protagonistinnen ihrer Romane – besonders in Emily Brontës *Sturmhöhe* (engl. *Wuthering Heights*, 1847).

Bald erkannte der Vater, dass die Kinder zu Hause nicht genug lernen konnten, um selbstständig zu werden. Er entschied, dass sie eine Schule besuchen sollten. Zwar waren die Berufsmöglichkeiten von Frauen der Mittelschicht zu diesem Zeitpunkt sehr beschränkt – in Frage kamen nur Gouvernante oder Lehrerin –, doch dafür war neben den

Kenntnissen, die ihnen ihre Tante vermittelte, eine Ausbildung in Geografie, Geschichte, Literatur, Zeichnen und Klavierspielen notwendig.

Cowan Bridge, die neue Schule für Töchter der Geistlichkeit im 40 Meilen entfernten Lancashire, schien dem Vater als Ausbildungsstätte geeignet und mit Hilfe einiger Wohltäter finanzierbar. Die zehnjährige Maria und die neunjährige Elizabeth, die er 1824 anmeldete, gehörten zu den ersten Zöglingen von Cowan Bridge. Kurze Zeit später folgten die achtjährige Charlotte und die sechsjährige Emily. Für die vier Mädchen, die weitgehend ungezwungen und ohne Reglementierung aufgewachsen waren, muss das Leben in Cowan Bridge wie ein Gefängnisaufenthalt gewesen sein. Der Initiator und Leiter der Schule, Pastor Carus Wilson, war Calvinist und vertrat strenge, nahezu sadistische Erziehungsprinzipien. Im Vordergrund stand für den religiösen Eiferer das Ziel, den Schülerinnen alle Laster auszutreiben. Ausschweifungen, zu denen Spielfreude und Phantasietätigkeit zählten, wurden nicht geduldet. Um sie zu bekämpfen, mussten Körper und Geist gezähmt werden. Dementsprechend spartanisch waren die Lebensbedingungen: Es gab wenig zu essen, und auch bei schneidender Kälte wurde kaum geheizt, obwohl die meisten Mädchen nicht über die notwendige wärmende Kleidung und feste Schuhe verfügten. Auf Marias und Elizabeths labilen Gesundheitszustand – sie waren gerade erst von einer Keuchhustenerkrankung genesen – wurde keine Rücksicht genommen. Mehr als 20 Jahre später würde Charlotte Brontë in ihrem Roman *Jane Eyre* (1847) die Verhältnisse in Cowan Bridge, die sie »Lowood School« nennt, schildern. Doch es waren nicht nur die körperlichen Qualen, unter denen die jungen Mädchen litten, sondern besonders die seelischen, die durch drakonische, völlig unangemessene Strafen wie Isolation, Demütigung, Am-Pranger-Stehen und Tragen eines »Schluder-Abzeichens« verursacht wurden. Auch vor körperlicher Züchtigung wurde nicht zurückgeschreckt.

Es dauerte nicht lange, bis Maria und Elizabeth schwer erkrankten. Maria wurde im Februar, Elizabeth im Mai 1825 nach Hause geschickt.

Beide starben im Mai. Daraufhin nahm Patrick Brontë seine beiden jüngeren Töchter sofort von der Schule.

Wer für Charlotte der Schuldige an der Tragödie war, lässt sich *Jane Eyre* entnehmen. Die Figur des Leiters von Lowood, Mr Brocklehurst, ist Carus Wilsons Alter Ego. Wie dieser predigt er Wohltätigkeit und Kinderliebe, ohne sie selbst zu praktizieren. Für seine Hartherzigkeit und mangelnde Empathie, vor allem aber für seine Bigotterie – er selbst führte keineswegs ein entsagungsreiches Leben – hatte Charlotte Brontë nur Verachtung übrig, was ihre Schilderung eines Gesprächs zwischen Mr Brocklehurst und einer Lehrerin, die mit seinen Methoden nicht einverstanden ist, deutlich macht: »Ach, Madame, wenn Sie die Münder dieser Kinder mit Brot und Käse stopfen anstatt mit angebranntem Haferbrei, dann stärken Sie zwar wahrlich ihren schnöden Leib, aber Sie bedenken nicht, wie sehr Sie ihre unsterblichen Seelen darben lassen!«

Endlich wieder zu Hause in Haworth, schlossen sich die vier übriggebliebenen Geschwister eng zusammen – auch wenn die Schwestern immer Einzelgängerinnen bleiben sollten. Durch ihre Erfahrungen in Cowan Bridge hatte sich aber ein Antagonismus herausgebildet, der lebensbestimmend sein würde: Dem sicheren Zuhause stand die bedrohliche Außenwelt feindlich gegenüber.

Nun erfolgte der Unterricht wieder im Pfarrhaus. Der Vater nahm sich auch seiner Töchter an, bevorzugte jedoch den Sohn Branwell, den er zusätzlich zum allgemeinen Unterrichtsstoff die alten Sprachen lehrte. Schließlich sollte Branwell einmal die Universität besuchen. Patrick Brontës Lehrmethode war sehr fortschrittlich. Er ließ den Kindern oft freie Wahl, vor allem in der Lektüre, denn er vertrat die Ansicht, sie würden am effektivsten lernen, wenn sie sich selbst für den Stoff entschieden hätten. Lesen, Schreiben, Diskutieren wurden täglich geübt. Für Letzteres erfand der Vater ein originelles Hilfsmittel: Weil er gemerkt hatte, dass sie sich manchmal scheuten, ihre Auffassung offen und nachdrücklich zu vertreten, griff er zu einer List und forderte sie auf, eine Maske aufzusetzen, hinter der sie sich verstecken konnten. Mit Hilfe dieses Schutzschilds würden sie sich frei äußern, hoffte er – und es funktionierte.

Zu Hause blühte auch die Phantasie der Kinder auf. Sie beschränkten sich nicht auf das Erzählen von Geschichten, sondern schrieben sie auf und fertigten kleine Büchlein an, die sie mit Illustrationen versahen. Der Auslöser für die Abenteuergeschichten, die sie sich ausdachten, war ein Geschenk, das der Vater Branwell von einer Reise mitgebracht hatte: zwölf Holzsoldaten. Charlotte berichtete, dass die drei Schwestern sich jeweils einen Soldaten aussuchten und ihm einen Namen gaben. Doch damit nicht genug: Gemeinsam begannen sie, eigene Welten zu erfinden, in denen ihre Helden die Hauptrolle spielten. So entstanden die Reiche Angria und Gondal.

Für das Königreich Angria waren Charlotte und Branwell zuständig. Es lag unter glühender Sonne im Pazifik. Dort wohnten nicht nur Personen der Weltgeschichte, sondern auch Feen und Fabelwesen, die in Liebe und Hass miteinander verbunden waren. Ganze Völkerschlachten dachten sie sich aus und füllten damit 2000 Seiten. Neben den Geschichten entwickelten sie Pläne und Landkarten, die sie genau ausarbeiteten. Emily und Anne fühlten sich von ihren älteren Geschwistern bevormundet und beschlossen, Angria zu verlassen und ein eigenes Reich zu gründen, in dem sie die Akteure und Ereignisse bestimmen würden. Auf der Ebene der Phantasie harmonierten die beiden Jüngsten sehr gut miteinander. Es war die Geburtsstunde des Reiches Gondal. Dessen Geschichten waren sehr viel bodenständiger und an der Umgebung orientiert, in der die Pfarrersfamilie lebte. Emily war diejenige der »unheimlich begabten, spitzfindigen, spinnfitzigen, merkwürdigsten Kinder«, wie sie von dem Schriftsteller Arno Schmidt bewundernd genannt wurden, die sich am längsten mit diesen fiktiven Welten beschäftigte.

Das häusliche Glück währte fünf Jahre, bis der Vater 1830 erkrankte. In der Phase der Schwäche tauchte wieder die Frage nach der Ausbildung der Kinder auf. Da nicht genügend Geld vorhanden war, um alle drei Mädchen in die Schule zu schicken, wurde beschlossen, dass nur Charlotte gehen und anschließend ihren beiden jüngeren Schwestern den Lernstoff vermitteln sollte. Charlotte, die unermüdliche »Ausdenkerin« fremder bedrohlicher Welten, fürchtete die reale Welt, in der sie sich nun bewähren sollte.

Roe Head im 18 Meilen entfernten Mirfield war ihre erste Station, ein Mädchenpensionat in einer der Pfarreien, in der der Vater Hilfspfarrer gewesen war. Die Leiterin, Miss Margaret Wooler, war in nahezu jeder Beziehung das Gegenteil von Carus Wilson. Sie vertrat einen liberalen Unterrichtsstil und setzte auf den Erfolg von Anerkennung und Lob. Diesmal waren es nicht die Schulleitung und die in ihrem Sinn agierenden Lehrerkörper, sondern die Mitschülerinnen, die Charlotte das Leben schwer machten. Von Anfang an war sie eine Außenseiterin, über deren altmodische Kleidung und Sehschwäche sich lustig gemacht wurde. Mary Taylor, die sich anfangs über sie mokiert hatte, wurde später eine ihrer besten Freundinnen – neben Ellen Nussey. Ellen hatte Charlotte niemals als »die unattraktive kleine Person« angesehen, »zu der die anderen sie gemacht hatten«. Ihr war vielmehr etwas anderes aufgefallen: »Doch was auch immer sie anhatte oder tat, sie hatte stets die angeborene Haltung einer jungen Dame, in ihrem Wesen war nichts, was man auch nur im Entferntesten vulgär nennen könnte.«

Sowohl Mary als auch Ellen stammten aus reichen Elternhäusern, in die sie Charlotte gerne einluden. Allmählich fasste sie Vertrauen, öffnete sich den beiden und erzählte sogar von den fiktiven Welten, die sie und ihre Geschwister sich zu Hause in Haworth ausgedacht hatten. Mary und Ellen waren erstaunt, irritiert und beeindruckt von dem bis ins kleinste Detail ausgearbeiteten phantastischen Kosmos der vier Brontës. Charlottes Ruf als begnadete Geschichtenerzählerin war etabliert. Außerdem galt sie als eine der besten Schülerinnen von Roe Head, deren außerordentliche Leistungen regelmäßig mit einer Medaille für tadellose Pflichterfüllung belohnt wurden. Sie hatte sich durchgesetzt. Und sie hatte all das gelernt, was sie und ihr Vater beabsichtigt hatten. Damit war es an der Zeit, Roe Head zu verlassen, nach Haworth zurückzukehren, die Geschwister an ihrem Wissen teilhaben zu lassen und sich darüber hinaus endlich wieder gemeinsam um die Belange von Angria zu kümmern. Doch es stellten sich andere Widrigkeiten in den Weg, die sich durch die Notwendigkeit, Geld zu verdienen, aufgetürmt hatten.

Obwohl Charlotte nicht gerade über pädagogisches Talent verfügte und Kinder per se nicht mochte – sie bezeichnete sie als unsensible Tölpel und missbilligte ihre plumpe Vertrautheit –, musste sie nun eine Stelle als Lehrerin in Roe Head annehmen. Emily begleitete sie als Schülerin – eine vernünftige Konstellation, wenn sie nicht großes Heimweh nach ihrem freien Leben in Haworth gehabt hätte. Charlotte fiel es schwer, die Schwester, die niemals klagte, stumm leiden zu sehen. Zudem wollte sie ihr eigenes Leben nicht mit Tätigkeiten verbringen, die sie für sinnlos hielt. »Ein Gedanke beschlich mich: Soll ich wirklich den besten Teil meines Lebens in dieser erbärmlichen Knechtschaft verbringen, meine Wut über die Eitelkeit, Apathie und die maßlose, eselhafte Dummheit dieser schwerfälligen Tölpel unterdrücken und Freundlichkeit, Geduld und Fleiß heucheln?«, schrieb sie in ihr Tagebuch.

Emily wurde zusehends kränker und schließlich nach Hause geschickt. Ihren Platz als Schülerin nahm Anne ein. Doch auch sie kam in Roe Head nicht zurecht. Emily wagte nach ihrer Genesung einen weiteren Versuch, auf eigenen Beinen zu stehen, und trat im Herbst 1837 eine Stelle als Lehrerin an der Elizabeth Patchett's School in Law Hill an. In einem Brief schilderte sie Charlotte ihren Alltag: Von 6 Uhr morgens bis 11 Uhr nachts war sie tätig – mit nur einer halben Stunde Pause. Für Charlotte grenzte das an Sklaverei. Im Gegensatz zu ihr, die ihrem Entsetzen Luft zu machen wusste, unterdrückte Emily ihren Kummer und verstummte immer mehr. Ohnehin war sie diejenige der Schwestern, die sich am wenigsten mit einer fremden Umgebung und fremden Menschen arrangieren konnte. Auch diesmal blieb sie nicht länger als ein halbes Jahr.

Nachdem Anne den Unterricht abgebrochen und Charlotte ihre Anstellung aufgegeben hatte, fanden sich im Sommer 1838 alle vier Geschwister wieder zu Hause in Haworth ein. Nun zeigte sich, dass der von allen drei Schwestern vergötterte Branwell ihre Erwartungen, einmal ein anerkannter Künstler zu werden, nicht erfüllen würde. Keiner seiner Begabungen – vom Malen bis zum Schreiben – widmete er den notwendigen Fleiß. Er arbeitete nur, wenn er Lust hatte, trank viel und nahm Drogen. Außer Charlotte waren alle Familienmitglieder nachsichtig mit ihm. Sie ahnte damals schon, dass es kein gutes Ende mit ihm nehmen würde.

Weitere Versuche der drei Schwestern, sich als Lehrerinnen oder Gouvernanten durchzuschlagen, folgten. Parallel dazu entwickelte sich die häusliche Schreibwerkstatt weiter. Charlotte nahm Kontakt zu Verlagen und bekannten Schriftstellern auf, schickte ihnen Arbeitsproben und bat sie um ihr Urteil. Der Dichter Robert Southey gab ihr zu bedenken: »Literatur kann und darf nicht die Lebensaufgabe einer Frau sein« und prophezeite: »Bald werden die wahren Pflichten der Frau nach Ihnen rufen, und dann wird es Ihnen nicht mehr so wichtig erscheinen, als Schriftstellerin Ruhm und Unsterblichkeit zu erlangen.« Doch so leicht ließ sich Charlotte nicht entmutigen.

Um langfristig weitgehend unabhängig zu sein, fasste sie den Plan, eine eigene Schule zu gründen. Emily war von der Idee begeistert, und auch Anne äußerte in ihrem Tagebuch die Hoffnung, das Projekt gemeinsam mit ihren Schwestern realisieren zu können. Doch nicht nur das fehlende Geld war ein Problem, sondern auch Emilys und Annes mangelnde pädagogische Qualifikation. Einzig Charlotte war zum Unterrichten befähigt – aber war das genug, um Schülerinnen für die geplante neue Ausbildungsstätte der Brontës zu rekrutieren? Als Mary Taylor ihrer Freundin Charlotte Anfang 1842 eröffnete, sie wolle das Pensionat Héger, eine renommierte Schule in Brüssel, besuchen, um ihre Sprachkenntnisse zu verbessern, schloss sie sich ihr an. Möglicherweise würde durch diese Zusatzausbildung ihr Schulprojekt aufgewertet werden.

Doch die Begegnung mit dem Pensionatsleiter Constantin Héger ließ ihre Zukunftspläne ins Wanken geraten. Plötzlich war die ersehnte eigene Schulgründung nicht mehr so wichtig, denn aus der anfänglich zarten Zuneigung für Héger wurde eine heftige romantische Schwärmerei, die sich bis zu einer amour fou steigerte und auch durch Hégers deutliche Zurückweisung nicht an Intensität verlor. Zurück in Haworth, wartete sie lange Zeit täglich auf Antworten auf ihre zahllosen Briefe.

Im Herbst 1845 geschah das, was das Leben der Brontë-Schwestern mit einem Schlag verändern sollte: Charlotte entdeckte die Gedichte ihrer Schwester Emily. Zufällig sei sie, wie sie später in ihrem Vorwort zur zweiten Auflage von Emilys Roman *Sturmhöhe* berichtet, auf das Manuskript mit Gedichten ihrer Schwester gestoßen. Sie sei nicht nur überrascht, sondern zutiefst beeindruckt und überzeugt gewesen, dass es sich um außergewöhnliche Lyrik handelte, wie man sie bisher von Frauen nicht kannte. Charlotte, die selbst Gedichte schrieb, empfand die Verse als »dicht und prägnant, kraftvoll und wahrhaftig. Sie hatten eine eigenartige, wilde Melodie – melancholisch und erhaben gleichermaßen.« Emily war erbost darüber, dass Charlotte auf diese Weise von ihren unter Verschluss gehaltenen Gedichten erfuhr, empfand es sogar als Vertrauensbruch. »Es dauerte Stunden, sie mit meiner Entdeckung zu versöhnen, und Tage, sie davon zu überzeugen, dass solche Gedichte es verdienten, veröffentlicht zu werden«, so Charlotte. In der Zwischenzeit fasste auch Anne den Mut, den beiden Älteren ihre Gedichte zu präsentieren, die auf Charlotte zwar keine überwältigende Wirkung hatten, sie jedoch daran erinnerten, dass alle drei schon seit frühester Kindheit davon geträumt hatten, Schriftstellerinnen zu werden.

Gemeinsam trafen sie eine Auswahl von Gedichten und erfanden männliche Pseudonyme für sich: Currer (= Charlotte), Ellis (= Emily) und Acton (= Anne) Bell. Schließlich hatten sie mehrfach erfahren, wie mit Schriftstellerinnen umgegangen wurde. Unter dem Titel *Poems by Currer, Ellis, and Acton Bell* erschien der Lyrikband, den sie selbst finanzierten, im Mai 1846 in dem kleinen Verlag Aylett and Jones. Trotz guter Kritiken in angesehenen Literaturzeitschriften – besondere Anerkennung fanden Emilys Gedichte – blieb die Nachfrage aus. Gerade zwei Exemplare wurden verkauft, doch das hielt die drei nicht davon ab, dem Verlag nun auch ihre Romane anzubieten: Emily ihren ersten, *Sturmhöhe*, der ihr einziger bleiben sollte. Anne präsentierte den Roman *Agnes Grey* und Charlotte *Der Professor*, in dem sie ihre unglückliche Liebe zu M. Héger literarisch verarbeitet hatte. Doch Aylett and Jones lehnte ab.

Charlotte gab nicht auf, sondern bot die Manuskripte weiter an. Der Londoner Verlag Newby erklärte sich bereit, *Sturmhöhe* und *Agnes Grey* zu drucken, hatte jedoch kein Interesse an Charlottes Erstling. Sie debütierte ein Jahr später mit dem Roman *Jane Eyre*, der 1847 bei Smith, Elder & Co. erschien, sofort als literarisches Ereignis gefeiert und ein Bestseller wurde. Mit dem Waisenkind Jane Eyre hatte sie eine Frauenfigur geschaffen, die sich allen Widerständen zum Trotz ein selbstbestimmtes Leben erkämpft. Ihre Rebellion ist ungewöhnlich heftig und drastisch für eine Frau und wurde daher in bestimmten Kreisen als unmoralisch angeprangert. Jane Eyre kann teilweise durchaus als Charlottes Alter Ego betrachtet werden. Die eigenen Erlebnisse, die sie einfließen lässt, tragen zu der Authentizität der Figuren bei, die sowohl die Kritik als auch das Lesepublikum in ihren Bann zogen.

Im Gegensatz dazu überwogen die negativen Reaktionen auf Emilys *Sturmhöhe*. Die Zeitung *The Examiner* urteilte im Januar 1848, es handle sich dabei um »einen verwirrenden, uneinheitlichen und unwahrscheinlichen Roman«. Emily Brontës schonungsloser Realismus, die Anklänge an die Gothic Novel und vor allem die düsteren dämonischen Charaktere, die in einer wilden Moorlandschaft mit- und ineinander verstrickt waren, erzeugten Unverständnis und Ablehnung. Damals konnte man nicht ahnen, dass dieser Roman einmal als eines der literarisch brillantesten Werke in die Literaturgeschichte eingehen sollte.

Auch Anne Brontës *Agnes Grey* war nicht unumstritten. Sie griff darin ihre Erfahrungen als Gouvernante auf und scheute sich nicht, die allgemein vorherrschende Verklärung der Kindheit durch die drastische Beschreibung verzogener Kinder zu entlarven. Wie ihre Schwestern rüttelte sie an den Grundfesten der viktorianischen Gesellschaft.

Charlotte Brontë war die einzige der drei Schwestern, die ihren literarischen Erfolg und die Anerkennung berühmter Kolleginnen und Kollegen genießen konnte. Auf *Jane Eyre* folgten die Romane *Shirley* (1849) und *Villette* (1853). Doch ihre Freude wurde getrübt durch die familiäre Tragödie, die sie ereilte: Innerhalb eines Dreivierteljahres starben ihr Bruder und ihre beiden Schwestern: Branwell am 24. September 1848 an den Folgen von Alkohol- und Drogenmissbrauch, Emily am 19. Dezember 1848 und Anne am 28. Mai 1849 an Schwindsucht. Charlotte wurde die enge Verbundenheit mit Emily in diesen Tagen schmerzlich bewusst. »Wenn sie krank ist, gibt es für mich keinen Sonnenschein mehr auf der Welt«, gestand sie ihrem Verleger. Dass es Emily nicht vergönnt war, friedlich aus dem Leben zu scheiden, traf Charlotte tief. Sie konnte ihre eigene Hilflosigkeit und das damit verbundene Gefühl der Ohnmacht nur schwer ertragen. Als Anne erkannte, dass sie nicht wieder gesund werden würde, äußerte sie den Wunsch, ans Meer zu reisen. Zusammen mit Charlotte und Ellen Nussey fuhr sie nach Scarborough, wo sie auch ihre letzte Ruhestätte fand.

1854 nahm Charlotte, die bereits mehrere Heiratsanträge abgelehnt hatte, den des ehemaligen Hilfspfarrers Arthur B. Nicholls an und fühlte sich glücklich als Ehefrau. Die Schwangerschaftsbeschwerden, unter denen sie im folgenden Jahr litt, wurden von ihr anfangs nicht ernst genommen. Bei einem ihrer langen Spaziergänge zog sie sich eine schwere Erkältung zu. Schließlich fiel sie in ein Delirium, aus dem sie immer nur für kurze Zeit erwachte. Am 31. März 1855 starb sie – wie ihre Mutter – im Alter von 38 Jahren. ❖

Sisi und Néné – Kaiserin Elisabeth und Prinzessin Helene

❖ Zwei Ereignisse, die sich mit der Redewendung »zur falschen Zeit am falschen Ort« treffend umschreiben lassen, waren für Sisi lebensbestimmend. Beide Begebenheiten hatten schwere, ja schicksalhafte Folgen. Die erste nicht nur für sie, sondern auch für ihre vier Jahre ältere Schwester Néné. Eigentlich sollte diese die Ehefrau des jungen österreichischen Kaisers Franz Joseph I. werden, doch es kam anders, weil die damals 15-jährige Sisi ihre große Schwester überraschend zu Franz Josephs Geburtstagsfest nach Bad Ischl begleitete und – ohne es zu beabsichtigen – das Herz des 23-jährigen Monarchen gewann.

Das zweite Ereignis sollte Sisi das Leben kosten: Am 9. September 1898 folgte sie einer Einladung der Familie Rothschild nach Genf. Als sie am nächsten Tag gegen Mittag das Hotel Beau-Rivage verließ und zusammen mit ihrer Hofdame die Seepromenade entlang zum Anleger ging, um mit dem Dampfer weiter nach Territet und Caux zu fahren, stürzte plötzlich ein junger Mann auf sie zu und stieß ihr eine Feile ins

Herz. Der Einstich war so klein, dass Sisi nur einen kurzen Schmerz und den heftigen Stoß verspürte, der sie zu Boden warf. Irritiert von dem Angriff erhob sie sich, setzte ihren Weg fort und bestieg den Dampfer. Nach zehn Minuten brach sie endgültig zusammen, ohne zu wissen, was mit ihr geschehen war. Zurück an Land entdeckte man den winzigen, präzisen Einstich. Er war tödlich. Laut Sterbeurkunde starb die 60-jährige Sisi um 14:40 Uhr.

Bei der Obduktion wurde eine kleine dreieckige Wunde im Bereich der linken Brust festgestellt, aus der nur wenig Blut geflossen war. Das Tatwerkzeug, eine dreikantige Feile, war in die Brusthöhle eingedrungen und hatte Lunge und Herz getroffen. Die Tat begangen hatte ein 25-jähriger Mann aus Parma: Luigi Lucheni, der nach Genf gekommen war, um den Herzog von Orleans zu ermorden. Weil dieser seine Pläne geändert und sich nicht in Genf aufgehalten hatte, hatte Lucheni ein anderes Opfer für den Anschlag gesucht, mit dem er seinem Hass auf den Adel und seiner Wut über die katastrophalen sozialen Zustände, für die er der herrschenden Klasse die Schuld gab, freien Lauf lassen wollte. Ein Attentat auf die Kaiserin von Österreich, von deren Anwesenheit er erst an Ort und Stelle erfahren hatte, war ihm mindestens ebenso wirkungsvoll erschienen wie das ursprünglich geplante. Lucheni wurde zu lebenslänglicher Haft verurteilt und erhängte sich zwei Jahre später in seiner Zelle.

Nicht nur das Leben Sisis – ihre idyllische Kindheit, ihre atemberaubende aristokratische Karriere –, sondern auch ihr Tod verführten zur Mythenbildung, die bis heute anhält. Dazu gehört, dass der Mythos in gewissen Zeitabständen umgeschrieben wird, sowohl was Sisis Persönlichkeit als auch ihr Verhältnis zu ihrer Familie, besonders das zu ihrer Schwester Néné, betrifft. Eine der Erzählungen besagt sogar, dass Néné keinesfalls als Braut des Kaisers vorgesehen gewesen war. Vielmehr sei Herzogin Ludovika aus Possenhofen am Starnberger See mit ihren beiden Töchtern, Néné und Sisi, zu Franz Josephs Geburtstagsfest nach Bad Ischl gereist in der Hoffnung, er werde sich für *eine* von ihnen entscheiden. Für welche, sei offen gewesen – anders, als es in den meisten biographischen Publikationen erzählt, und vor allem ganz anders, als es im omnipräsenten Film von Ernst Marischka dargestellt wird. Die *Sissi*-Trilogie aus den Jahren 1955–1957 zählt zu den erfolgreichsten deutschsprachigen Filmproduktionen aller Zeiten.

Der Reiz von Sisis Leben liegt in der Vielfalt der Narrative, die viele Jahre später entstanden sind. In seinem Buch *Die kranken Habsburger* (2001) bringt es Hans Bankl mit seiner Sisi-Charakteristik auf den Punkt: »Sie hungerte wie Lady Di, sie ritt und focht wie d'Artagnan, sie turnte wie Jane Fonda, sie wurde ermordet wie John F. Kennedy, und sie sah aus wie Romy Schneider.«

In Sisis Leben verlief nichts so, wie es für eine Frau ihres Standes üblich war. Sisi setzte sich über alle Konventionen hinweg und ließ ihrer Egozentrik freien Lauf. Ihren Körper pflegte und gestaltete sie nach eigenen Vorstellungen. Bei einer Körpergröße von 1,72 m war ein Gewicht von 50 kg das Äußerste, was sie sich gestattete. Neben einer speziellen Diät gehörten regelmäßige Leibesübungen zu ihrem Alltag – in all ihren Schlössern und Landsitzen waren Gymnastikräume eingerichtet. Mittelpunkt ihres Schönheitskults war ihr bodenlanges Haar, für dessen Pflege eine ehemalige Friseurin des Wiener Burgtheaters zuständig war. Drei Stunden dauerte das tägliche Frisieren. Sisis Gesundheit war labil, immer wieder zog es sie zur Erholung in den Süden. Oft reiste sie, wie bei ihrer letzten Reise, inkognito. Vielleicht hoffte sie, auf diese Weise an das unbeschwerte Leben ihrer Kindheit anknüpfen zu können.

Insgesamt waren es acht Kinder, die in der Herzoglichen Familie in Possenhofen am Starnberger See aufwuchsen. Die Eltern: Herzog Max in Bayern und Prinzessin Ludovika. Sie war die jüngste Tochter des Königs von Bayern, Maximilian I. Es war eine arrangierte Ehe, mit der beide nicht glücklich waren. Kolportiert wird, dass Max Ludovika schon am Anfang deutlich zu verstehen gegeben habe, dass er sie nicht liebe und wahrscheinlich niemals lieben werde. Ludovika war zwar gekränkt, aber innerlich nicht getroffen, denn für sie galt das Gleiche: Sie liebte ihn auch nicht. Vielmehr störte sie, dass sie im Gegensatz zu ihren Schwestern unter ihrem Rang heiratete. Von ihren älteren Schwestern waren drei Königinnen geworden. Ihre Schwester Sophie hatte in das Haus Habsburg eingeheiratet und hoffte, als Ehefrau des österreichischen Erzherzogs Franz Karl einmal Kaiserin von Österreich zu werden.

Herzog Max und Herzogin Ludovika waren in jeder Hinsicht verschieden: Er war historisch, literarisch, künstlerisch, musikalisch interessiert und besaß eine riesige Bibliothek von 27 000 Bänden. Daneben schrieb er selbst unter dem Pseudonym ›Phantasus‹ Gedichte, Novellen und kleine Essays. Er liebte Bergwanderungen und die Jagd. Seine große Leidenschaft galt dem Reisen und Erkunden von fernen Ländern. Auch darüber verfasste er Berichte. Zu Hause hatte er die ›Artusrunde‹ gegründet, zu der bayerische Künstler und Gelehrte gehörten, die sich zum geselligen Beisammensein bei ihm im Schloss trafen. Die aristokratische Etikette war ihm gleichgültig, sowohl was die Kleidung – er trug am liebsten Lederhosen – als auch die Umgangsformen betraf. Von seinen acht Kindern war Sisi dasjenige, das ihm am nächsten stand. Eine Anekdote besagt, dass er mit ihr manchmal inkognito als Musikant durchs Land zog und Zither spielte. Sisi tanzte dazu und sammelte anschließend in ihrer Schürze die Münzen ein, die ihr das begeisterte Publikum spendete.

Herzogin Ludovika stand dem Treiben ihres Mannes oft verständnislos gegenüber, fügte sich jedoch in ihre Rolle. Ihren Schwestern klagte sie häufig ihr Leid – vor allem über die Untreue ihres Mannes, die einige Male zu außerehelichem Nachwuchs führte, zu dem er sich freimütig bekannte und für den er finanziell großzügig sorgte.

Ludovika bekam zehn Kinder, von denen drei Jungen und fünf Mädchen überlebten. Das erste, Ludwig, wurde 1831, das jüngste, Max Emanuel, 1849 geboren. Néné (Helene) war die erste Tochter. Sie kam

1834 zur Welt, Sisi (Elisabeth) folgte 1837. Die Kinder wuchsen im Herzog Max Palais in der Münchner Ludwigstraße und im Schloss Possenhofen, dem Landsitz der Herzoglichen Familie am Starnberger See, auf. Sie liebten das ungebundene paradiesische Leben. Der Garten der Sommerresidenz reichte bis zum Seeufer. Sie gingen schwimmen, rudern, segeln, spielten mit den Haustieren, tollten im Garten herum. Possenhofen war und blieb ihr Sehnsuchtsort. Das Schloss am See, ›Possi‹ genannt, war für sie gleichbedeutend mit Freiheit. Besonders für Sisi, die in Krisenzeiten dort immer wieder Trost und Schutz suchte.

Dass sie alle reiten lernten, war selbstverständlich. Sisi wurde eine hervorragende Reiterin, die es darüber hinaus liebte, die Pferde selbst zu striegeln und zu versorgen – zum Leidwesen ihrer Mutter, die so etwas als nicht standesgemäß empfand.

Zusammen mit ihrer Schwester Néné wurde sie von einer englischen Gouvernante erzogen. Vier Jahre lang kümmerte sich Mary Newbold um die Ausbildung der Schwestern, die bei ihr ein vorzügliches Englisch lernten. Zeitlebens kommunizierten die beiden untereinander in dieser Sprache, die außer ihnen in der Familie niemand verstand. Es war ihre Geheimsprache.

Am 2. Dezember 1848 bestieg Sisis und Nénés Cousin, der 18-jährige Franz Joseph, den Habsburgischen Kaiserthron, nachdem sein Onkel, Kaiser Ferdinand I., zurückgetreten war. Seine Mutter, Erzherzogin Sophie, ging in der Rolle der Kaiserinmutter vollkommen auf. Die Erziehung ihres Sohnes zum Kaiser von Gottes Gnaden wurde ihr Lebensinhalt. Dazu gehörte es, rechtzeitig eine passende Braut für den jungen Herrscher auszuwählen. Nach einigen missglückten Versuchen wandte sie sich an ihre Schwester Ludovika in Bayern und wurde mit deren Hilfe fündig: Néné, ihre älteste Tochter, würde sowohl altersmäßig – sie war vier Jahre jünger als Franz Joseph – als auch von ihrem Wesen her gut zu ihm passen. Mutter und Tante waren sich einig. Allerdings bemängelte Erzherzogin Sophie Nénés geringe Französischkenntnisse. Die würde sie dringend aufbessern müssen, war doch Französisch die Sprache der Aristokratie. Doch nicht nur die fehlenden Sprachkenntnisse, sondern die lückenhafte Schulbildung allgemein war Anlass für ihre Sorge und Kritik. Néné zeigte sich sofort bereit, ihre Defizite auszugleichen. Sie war sich bewusst, was von einer Kaiserin erwartet wurde, beschloss, sich dieses Wissen anzueignen und begann sofort mit dem Unterricht in verschiedenen Fächern: Französisch, Konversation, Tanzen, Reiten, Geschichte, Genealogie, Wiener Hofzeremoniell. Nicht alles interessierte sie, aber sie war einsichtig und diszipliniert und machte rasch Fortschritte.

Erzherzogin Sophie und Herzogin Ludovika verabredeten ein Treffen des zukünftigen Brautpaars in Bad Ischl. Dort sollte neben Franz Josephs Geburtstagsfeier auch die Verlobung stattfinden. Doch dieser Plan wurde nicht von vornherein öffentlich bekannt gegeben. Damit es wie ein Familientreffen ausschaute, nahm Ludovika auch ihre jüngere Tochter Sisi mit auf die Reise. Die Fahrt ins Salzkammergut verlief nicht störungsfrei. Ludovikas Migräneattacke machte eine Unterbrechung erforderlich, und die Kammerzofen trafen zu spät mit Nénés Kleidern ein. Letzteres war für Néné sehr unvorteilhaft, weil ihr die schwarze Trauerkleidung, die sie wegen eines Todesfalls in der Familie auf der Reise trug, nicht gut stand. Ihre herbe Schönheit wurde vor allem von hellen leuchtenden Farben und Mustern reizvoll unterstrichen, während Schwarz sie streng, blass und beinahe leblos erscheinen ließ. Doch das war das Einzige, was ihre Tante Sophie zu bemängeln hatte. Ansonsten fand sie Gefallen an ihrer Nichte.

Néné war aufmerksam, kontrolliert, höflich und zurückhaltend – ganz anders als Sisi, die unbefangen drauflosredete. Im Gegensatz zu ihrer großen Schwester fühlte sie sich vollkommen frei. Weder wollte sie dem Kaiser noch ihrer Tante oder sonst jemandem gefallen. Als Nénés Begleitung erwartete sie keine Aufmerksamkeit. Sie hoffte, die Schwester, die schließlich ein großes Ziel vor Augen hatte, durch ihre Gegenwart stärken und unterstützen zu können.

Wahrscheinlich war es diese Unbekümmertheit, die Sisi für Franz Joseph so reizvoll machte. Jedenfalls hatte er nach kurzer Zeit nur noch Augen für sie. Es ging so weit, dass er sogar seine Pflicht als Tischherr Nénés vernachlässigte – es war nicht zu übersehen und kam einem Affront gleich. Vor seiner Mutter begann er von Sisi zu schwärmen. Die Erzherzogin versuchte zu retten, was zu retten war, und wurde nicht müde, ihm die guten Eigenschaften Nénés anzupreisen. Das, was sie zugunsten von Néné anführen konnte, waren vor allem Vernunftgründe. Die 19-jährige Néné würde viel besser zu ihm passen; Sisi wäre mit ihren 15 Jahren beinahe noch ein Kind. Aber gerade das machte ihren Liebreiz aus. Lieblich war auch ihre Schönheit, Nénés hingegen eher klassisch. Liebenswürdig waren sie beide. Doch Franz Joseph befand sich emotional in einem Zustand, in dem rationale Argumente nicht fruchteten. Da hatte sogar seine durchsetzungsfähige Mutter keine Chance. Franz Joseph hatte sich heftig in Sisi verliebt.

Am 17. August 1853, einen Tag vor Franz Josephs 23. Geburtstag, wurde in Bad Ischl ein großer Ball gefeiert. Herzogin Ludovika konnte es kaum erwarten, Néné den Kotillon mit Franz Joseph tanzen zu sehen und damit aller Welt zu zeigen, dass sie ein Brautpaar waren. Doch Franz Joseph, der seit der Ankunft seiner beiden Cousinen unverhohlen sein Interesse für Sisi gezeigt hatte, forderte diese und nicht, wie vorgesehen, Néné zum mitternächtlichen Tanz auf. Was das bedeutete, war allen klar. Am nächsten Tag ließ er seine Mutter bei seiner Tante um Sisis Hand anhalten. Während Erzherzogin Sophie bis zuletzt versuchte, ihren Sohn umzustimmen, willigte Ludovika ein. Obwohl sie wusste, welche Kränkung es für Néné bedeutete, fügte sie sich in die neue Situation. Auch wenn es nicht die ursprünglich dafür vorgesehene war, eine ihrer Töchter würde Kaiserin von Österreich werden.

Wie sich die Entscheidung des Kaisers auf das Verhältnis der beiden Schwestern auswirkte, kann man nur mutmaßen. Zweifellos war es von diesem Moment an empfindlich gestört. Für Néné muss die Zurücksetzung mehr als enttäuschend gewesen sein. Es war eine tiefe Kränkung, die sie völlig unerwartet ereilt hatte. Sie war sich keiner Schuld, keines Versagens oder Fehlverhaltens bewusst, hatte alles getan, was von ihr erwartet worden war. Dass sie auf den Kaiser als Lebenspartner verzichten musste, war dabei eher nebensächlich. Sie mochte Franz Joseph und hätte sich ein Leben mit ihm vorstellen können, aber beide kannten sich kaum, eine tiefe Beziehung war noch nicht entstanden. Die eigentliche Verletzung betraf sie allein und ihr Selbstwertgefühl. Wie oft mag sie wohl bereut haben, die kleine Schwester mit nach Bad Ischl genommen zu haben? Weil auch sie Sisi als Kind betrachtete, wäre sie überhaupt nicht auf die Idee gekommen, dass der Kaiser ihre kleine Schwester als Liebesobjekt auserwählen würde. Sie mag sich auch gefragt haben, welchen Beitrag Sisi dazu geleistet haben könnte. War sie vielleicht doch nicht so unschuldig, wie es den Anschein hatte oder wie sie vorgab? Immer wieder ließ Néné die Geschehnisse in Bad Ischl vor ihrem inneren Auge ablaufen, ohne dass sie dadurch irgendeinen Hinweis geschweige denn eine Erklärung fand.

Und Sisi? Als sie ihre Schwester und ihre Mutter begleitet hatte, hatte sie sich als Nebenfigur gesehen. Es war um Néné gegangen. Sie war es, die im Mittelpunkt gestanden und sich hervorragend auf ihre glanzvolle Zukunft vorbereitet hatte. Néné war, nicht nur von Erzherzogin Sophie, von der ersten Minute an beobachtet worden, um zu entscheiden, ob sie der Rolle der Kaiserin gewachsen sein würde. Natürlich hatte Sisi die Anspannung Nénés gespürt und war froh gewesen, selber völlig frei und unbeobachtet agieren zu können. Doch darin hatte sie sich getäuscht. Nachdem Franz Joseph ihr das erste Mal begegnet war, ließ er sie nicht mehr aus den Augen. Sisi erwiderte seine Sympathie, sie mochte ihren Cousin, hatte ihn gern, aber von Liebe auf den ersten Blick konnte keine Rede sein. Und außerdem wollte sie auf keinen Fall Kaiserin werden. Aber sie hatte keine Wahl. Die Würfel waren gefallen – zu ihren Gunsten.

Von diesem Moment an ging alles sehr schnell. »Groß war das Erstaunen, als gestern die freudige Kunde der Verlobung seiner Majestät des Kaisers Franz Joseph von Österreich mit ihrer Königlichen Hoheit Prinzessin Elisabeth Herzogin in Bayern sich verbreitete«, hieß es am 22. August 1853 in den *Münchner Neuesten Nachrichten*. Zwei Wochen nach der Verlobung fuhr die Herzogliche Familie aus Bayern zurück nach Possenhofen. Nun musste Sisi all das lernen, was Néné sich bei ihrer Vorbereitung auf die Verlobung angeeignet hatte. Vieles davon interessierte sie nicht, vor allem störte sie die Hektik, die sie umgab, seit sie aus Bad Ischl zurück war. Sie fühlte sich beobachtet, eingeschränkt und reglementiert. Vor allem fürchtete sie den Abschied von ihrer Familie und von ihrem geliebten Leben in Freiheit. Das strenge höfische Zeremoniell, dem sie sich in Wien würde unterordnen müssen, schwebte wie ein Damoklesschwert über ihr.

Die Hochzeit sollte am 24. April 1854 in der Wiener Augustinerkirche stattfinden. Sowohl die bayerische als auch die österreichische Bevölkerung nahmen großen Anteil an dem Ereignis. Zum Abschied wünschten die Menschen, die an der Münchner Ludwigstraße Spalier standen, Sisi viel Glück und entließen sie mit Hochrufen. In einer sechsspännigen Kutsche reiste sie mit ihrer Familie zunächst nach Straubing, dann ging die Reise mit dem Dampfer ›Stadt Regensburg‹ auf der Donau weiter. Zwischenstation war Linz, dort wechselten sie auf die ›Franz-Joseph‹, die im festlich geschmückten Nußdorf anlegte. »Jeder konnte sehen, wie glücklich und stolz der junge Kaiser war, seine Braut endlich in die Arme schließen zu können«, hieß es in der *Neuen Freien Presse* vom 26. April 1854. »Jubelnde Menschen säumten dicht gedrängt die Straßen. Auf Spruchbändern stand ›Es lebe die Rose von Bayern!‹«

Die Empfangsfeierlichkeiten wurden abgelöst von den Hochzeitsfeierlichkeiten – alle streng choreographiert und in einem dicken Buch mit dem Titel *Alleruntertänigste Erinnerungen* protokolliert, das Sisi von der obersten Hofmeisterin in die Hand gedrückt bekam. Jeder Schritt war vorgeschrieben, für Spontaneität gab es keinen Platz. Der Trauung, die der Erzbischof von Wien vornahm, wohnten tausend

Menschen bei. Anschließend musste das frisch verheiratete Paar eine nicht enden wollende Gratulationscour über sich ergehen lassen, bevor das Diner im engsten Familienkreis stattfand.

Ein Jahr nach der Hochzeit bekam die mittlerweile 17-jährige Sisi ihr erstes Kind, Sophie. 1856 wurde Gisela, 1858 Rudolf geboren. Zehn Jahre später brachte sie ihr letztes Kind, Marie Valerie, zur Welt. Sisi erfüllte zwar die Erwartungen, die an sie als junge Mutter gestellt wurden, aber nur so weit es eben notwendig war. Einzig zu ihrer jüngsten Tochter entwickelte sie ein liebevolles Verhältnis und ließ sich von ihr auf ihren zahlreichen Reisen begleiten. Die Tragödie von Schloss Mayerling – ihr Sohn, Kronprinz Rudolf, beging dort 1889 unter ungeklärten Umständen gemeinsam mit seiner Geliebten Selbstmord – traf sie dennoch tief. Es heißt, sie habe danach nur noch Schwarz getragen.

Nachdem Néné die Kränkung über ihre Zurücksetzung überwunden hatte, begann sie ein eigenständiges Leben aufzubauen. Darin spielte die Religion eine wichtige Rolle. Néné besuchte fast täglich den Gottesdienst, verrichtete karitative Dienste in der Krankenpflege und unterstützte die Armen. Herzogin Ludovika gefiel das soziale Engagement ihrer ältesten Tochter, doch sie befürchtete, dass Néné ehelos bleiben würde. Also wurde sie selbst tätig und traf eine Wahl: Maximilian Anton Erbprinz von Thurn und Taxis erschien ihr der passende Ehemann für Néné. Sie lud ihn und seine Familie nach Possenhofen ein unter dem Vorwand, dass die Männer gemeinsam zur Jagd gehen könnten. Ihr Plan ging auf. Der Erbprinz fühlte sich angezogen von der schönen, klugen Néné, mit der intensive Gespräche möglich waren. So etwas hatte er im Umgang mit jungen Frauen bisher nicht kennengelernt. Ihr ging es ähnlich – die Zuneigung beruhte auf Gegenseitigkeit. Und auch Maximilians Eltern waren mit der Verbindung einverstanden. Letzte Schwierigkeiten bei der Eheschließung – die Familie Thurn und Taxis war zwar sehr reich, aber nicht standesgemäß für eine Wittelsbacherin – räumte Nénés kleine Schwester aus dem Weg. Sisi war froh, endlich einmal etwas für Néné tun zu können. Die Zustimmung der Kaiserin von Österreich veranlasste den König von Bayern seine Bedenken fallen zu lassen und die Heirat zu gestatten.

Die Hochzeit fand am 24. August 1858 in Possenhofen statt – allerdings in Abwesenheit von Sisi, die wenige Tage vorher ihren Sohn Rudolf zur Welt gebracht hatte. Zu diesem Zeitpunkt war das Verhältnis zwischen den beiden Schwestern schon wieder sehr eng. Wenn sich Sisi sehr unglücklich am Wiener Hof fühlte, war Néné diejenige, zu der sie sich mit ihren Sorgen flüchtete. Néné brachte viel Verständnis für ihre Schwester auf, die ein Leben führte, das überhaupt nicht zu ihr passte: Weder die Rolle der Ehefrau noch die der Mutter, geschweige denn die der Kaiserin, entsprachen ihr und ihrem Freiheitsdrang. Sisi hatte zwar gelernt, sich mit den Abhängigkeiten ein Stück weit zu arrangieren, doch es gab immer wieder Anlässe, das strenge höfische Leben in Frage zu stellen. Dann war Néné für sie da. Beide konnten sich aufeinander verlassen.

Nénés Ehe war glücklich. Sie bekam vier Kinder: Louise wurde 1859, Elisabeth 1860, Maximilian 1862 und Albert 1867 geboren. Im selben Jahr starb Nénés geliebter Ehemann im Alter von 35 Jahren an einem Nierenleiden. Nun war Néné das Oberhaupt der Familie. Doch sie hatte noch weitere schwere Verluste zu beklagen: Zwei ihrer Kinder – Elisabeth und Maximilian – verstarben kurz hintereinander. Néné versuchte sich abzulenken und konzentrierte sich auf ihre karitativen Tätigkeiten. So gut sie konnte, stand ihr Sisi in dieser schweren Zeit bei.

1890 erkrankte Néné selbst schwer an einem Unterleibsleiden. Ihr Sohn Albert informierte umgehend seine Tante Sisi, die sofort anreiste. Sie war die letzte, die mit der Todkranken sprach, die am 16. Mai 1890 im Alter von 56 Jahren entschlief. Sisi sollte die geliebte Schwester um acht Jahre überleben. ❖

Ein Zimmer für sich allein, ein Haus für die Freunde

Virginia Woolf und Vanessa Bell

❖ »Wenn du nicht da bist, verschwindet die Farbe aus dem Leben, wie Wasser aus einem Schwamm; und ich existiere nur noch, trocken und staubig«, schrieb die Schriftstellerin Virginia Woolf an ihre Schwester, die Malerin Vanessa Bell. Ein Leben lang sollte die drei Jahre Ältere sowohl Vorbild als auch Unterstützerin für Virginia sein. Beide wollten sie aus ihrem Leben etwas Besonderes machen und die Grenzen überwinden, die ihnen als Frauen im viktorianischen England gesetzt wurden. Es scheint, als hätten sie ihre Zuständigkeiten und Fähigkeiten streng untereinander aufgeteilt: Vanessas Wirkungsbereich war der Familien- und Freundeskreis, die Sexualität und Kindererziehung; Virginia repräsentierte Phantasie, Sensibilität und Intellektualität. Vanessas Metier war die Malerei; Virginias die Schriftstellerei. Jede schätzte die andere – auch wenn bei Virginia oft ein wenig Neid mitschwang, wenn sie sich über die Schwester äußerte. So bewunderte sie zum Beispiel die Großzügigkeit, mit der Vanessa ihre Talente einsetzte, sowohl in ihrer Kunst als auch im alltäglichen Leben. Und für beide war die Umgebung, in der sie lebten und arbeiteten, von elementarer

Wichtigkeit. Dazu zählten sowohl die Menschen als auch die Räume, in denen sie zusammenkamen. So liebte es Virginia, Häuser und Wohnungen zu besichtigen, um sie in ihren Werken zu beschreiben, und Vanessa betätigte sich, wann und wo immer es möglich war, als Innenarchitektin.

Vanessa und Virginia waren Mittelpunkt der Bloomsbury Group, einer Gruppe von Künstlerinnen und Künstlern aus den Bereichen Literatur und Malerei sowie Intellektuellen, die sich am Anfang des 20. Jahrhunderts im Londoner Stadtteil Bloomsbury trafen. Zwischen ihnen existierte ein komplexes Netzwerk aus künstlerischen, freundschaftlichen und erotischen Beziehungen.

Während des Ersten Weltkriegs verlegte die Gruppe – sie alle waren pazifistisch gesinnt und verweigerten den Kriegsdienst – ihren Treffpunkt aufs Land. Vanessa Bell und ihr Geliebter Duncan Grant mieteten ein altes Bauernhaus, das Charleston Farmhouse in East Sussex, und machten es zum Mittelpunkt der ›Bloomsberries‹. Sie gestalteten das Interieur als Gesamtkunstwerk – ganz im Sinne des Jugendstils, dessen Ziel es war, die Kunst in den Alltag zu integrieren. Also entwarfen sie Stoffe und Teppiche, bemalten Wände, Türen und Fenster, die Möbel, das Geschirr und schufen eine nach außen abgegrenzte, im Inneren künstlerisch durchkomponierte »Insel der Schönheit«, die ihnen einen angemessenen Lebens- und Arbeitsraum bot. Mehr noch, sämtliche Einrichtungsgegenstände waren »unentbehrliche, sinnliche Elemente in Vanessas Leben«, erklärte Angelica, ihre Tochter, für deren Leben das Gleiche galt: Die Farben, Formen und Strukturen, die sie seit frühester Kindheit umgaben, waren die erste Sprache, die sie kennengelernt und ihr den Zugang zur Welt ermöglicht hatte.

Zu den regelmäßigen Gästen im Charleston Farmhouse gehörten neben Vanessas Ehemann Clive Bell natürlich Virginia und deren Ehemann Leonard Woolf, aber auch der Schriftsteller Lytton Strachey, der Maler und Kunstkritiker Roger Fry, der Ökonom John Maynard

Keynes sowie Duncan Grants Liebhaber David Garnett. Allein mit dieser pikanten Auswahl setzte die Gastgeberin ein eindrucksvolles Statement gegen die Prüderie, Doppelmoral und Bigotterie des Viktorianischen Zeitalters.

Vanessa wurde am 28. Mai 1879 als Tochter des Schriftstellers und Historikers Leslie Stephen und seiner Frau Julia in London geboren. Ihre Schwester Virginia kam am 25. Januar 1882 zur Welt. Außerdem gehörten zur Familie Stephen die Brüder Thoby (geboren 1880) und Adrian (geboren 1883). Beide Elternteile waren verwitwet; Leslie Stephen brachte eine geistig behinderte Tochter, Julia Stephen zwei Söhne und eine Tochter mit in die Ehe. Acht Kinder – zwischen denen ein großer Altersunterschied bestand –, ihre Eltern und das Dienstpersonal lebten in dem großen Haus der Familie Stephen am Londoner Hyde Park zusammen. Vanessa und Virginia wurden von ihrem Vater in Mathematik, von der Mutter in Latein, Französisch und Geschichte unterrichtet. Darüber hinaus legte man Wert auf Klavier-, Gesang-, Tanz- und Reitstunden sowie Einübung in gepflegte Umgangsformen und Konversation. Dafür waren die Gouvernanten zuständig.

Doch über der Familienidylle lag ein Schatten: Vanessa und Virginia berichteten, dass sie von ihrem älteren Halbbruder George sexuell missbraucht worden seien. Unter dem Vorwand, sie beschützen zu wollen, habe er sich ihnen genähert und die Grenzen einer geschwisterlichen Beziehung überschritten. »Ich kann mich noch an das Gefühl erinnern, als seine Hand sich unter meine Kleider schob und sich energisch und ständig immer tiefer vorschob«, heißt es in Virginias Memoiren. Da es für sie unmöglich war, sich den Eltern anzuvertrauen, waren die Schwestern auf sich gestellt und wandten die eine oder andere Strategie an, um sich den Halbbruder vom Leib zu halten.

Schon früh zeigte sich Virginias schriftstellerisches Talent. Gleichzeitig war sie eine begeisterte Leserin, die in der väterlichen Bibliothek nach Herzens Lust stöberte. Vanessas Leidenschaft galt der Malerei. Sie absolvierte ein Kunststudium an der Royal Academy. Am glücklichsten war sie, wenn sie vor einem Modell – manchmal eine Gipsfigur, manchmal ein lebendiger Akt – sitzen und zeichnen durfte.

Schon als Kinder schmiedeten die beiden Schwestern den Plan, sich einmal künstlerisch zu ergänzen – als Schriftstellerin und als Malerin. Ein Blick in die Zukunft: Für fast alle Bücher Virginias gestaltete Vanessa die Umschläge, während Virginia ihr häufig Modell saß. 1912 entstand ein Porträt Virginias, das heute in der National Portrait Gallery in London ausgestellt ist. Es zeigt Virginia in einem Sessel sitzend, in sich versunken und ganz auf ihre Strickarbeit konzentriert. Obwohl das Gesicht nicht ausgearbeitet ist, vermittelt die Figur Vertrautheit und Nähe, so wie sie vielleicht nur eine Schwester erfahren kann. Erkenntnis und Geheimnis liegen nahe beieinander – wie in ihrer Korrespondenz: Sie schrieben einander mal fröhlich, mal traurig, mal wütend, mal tröstend, und immer spürt man, dass es ein emotionales Fundament gibt, das alle Widersprüche (er)trägt. Ein Pendant zu Vanessas bildlicher Darstellung ihrer Schwester ist Virginias literarische: Die Protagonistin Lily Briscoe in ihrem Roman *Zum Leuchtturm* (engl. *To the Lighthouse*, 1927) hat große Ähnlichkeit mit Vanessa. Wie sie jeweils auf die Darstellung der anderen reagierten, haben sie für sich behalten.

1895 starb die Mutter im Alter von 49 Jahren an einer Grippe, worauf der Vater an einer Depression erkrankte und sich von der Familie weitgehend zurückzog. Bis zu seinem Tod im Jahr 1904 versuchte Vanessa, ein geordnetes Familienleben aufrechtzuerhalten. Von Anfang an hatte sie die Rolle der großen Schwester inne, die sich für ihre jüngeren Geschwister verantwortlich fühlte. Virginia gab ihr sogar den Spitznamen »The Saint«, ›die Heilige‹, womit sie auf Vanessas ausgeprägtes Pflichtgefühl und praktisches Organisationstalent anspielte. Später sollte Vanessa für die Bloomsbury Group eine Art Mutterfigur werden, die mit ihrer Großzügigkeit und Toleranz diese Gruppe von Individualistinnen und Exzentrikern – darunter ihr Ehemann Clive Bell, ihr Exliebhaber Roger Fry und ihr aktueller Geliebter Duncan Grant – zusammenhielt.

Der Tod der Mutter ging Virginia so nahe, dass sie selbst erkrankte. Zwei Jahre später starb ihre Halbschwester. Im Mai 1904, nach dem Tod ihres Vaters, erlitt Virginia einen schweren Nervenzusammenbruch. Von diesem Zeitpunkt an sollte sie immer wieder von psychischen Krisen heimgesucht werden, die teilweise mit Klinikaufenthalten verbunden waren.

1907 heiratete Vanessa den Kunstkritiker Clive Bell. Sie bekamen zwei Söhne, Julian und Quentin. Vanessa wurde auch Mutter einer Tochter, Angelica, deren Vater jedoch der bisexuelle Maler Duncan Grant war, was Angelica erst im Alter von 19 Jahren erfahren sollte. Angelica wurde später die Ehefrau von David Garnett, Duncans Liebhaber.

Vanessa genoss ihr Eheleben in vollen Zügen, jedoch anders, als es damals von einer Frau erwartet wurde. Als leidenschaftliche Mutter und Ehefrau wird Vanessa von ihren Freundinnen und Freunden beschrieben. Dem Idealbild der Gattin des Viktorianischen Zeitalters, das sich durch Keuschheit, Duldsamkeit und Unterordnung auszeichnete, entsprach sie aber keineswegs. Sie beanspruchte für sich alle Privilegien, die den Männern gewährt wurden, äußerte sich offen zu sexuellen Tabuthemen und verachtete jede Art von Scheinheiligkeit. Ihr Widerspruchsgeist war legendär. Quentin war von dem Charakter seiner Mutter verblüfft. Er konnte sich kaum vorstellen, dass sie »mit solcher Leidenschaft tanzte, dass sie ihr Kleid abwarf und in einem Zimmer voller Leute nackt bis zur Taille dastand«, wenn er es nicht selbst gesehen hätte. Dennoch hatten sein Bruder Julian und er als Kinder stets das Gefühl, eine normale Familie zu sein: »Wir hatten einen Vater und eine Mutter, die sich zwar gegenseitig untreu waren, aber dennoch harmonisch zusammenlebten.« Die Jungen fühlten sich geliebt. Beide Elternteile waren für ihre Kinder da, außerdem gesellten sich ab und zu andere ›Väter‹ dazu. Obwohl die libertäre häusliche Situation nicht nur Freiheit, sondern auch eine gewisse Belastung bedeutete, hätte Vanessa nicht mit ihrer Schwester tauschen mögen. »Sie hat einmal allen Ernstes zu mir gesagt, sie hätte Virginia nie um ihre Genialität beneidet«, so Quentin, »weil ihre Schwester nie das unglaubliche Glück erlebt hätte, eigene Kinder zu haben.«

Dennoch blieb die Kunst ein wesentlicher Teil von Vanessas Leben. Durch den Kunstkritiker Roger Fry, mit dem sie eine Liebesbeziehung einging, lernte sie neben den französischen Neoimpressionisten auch die Werke des französischen Malers Henri Matisse kennen. Sie fühlte sich stark angesprochen von der Farbigkeit seiner Gemälde, der konsequenten Linienführung und dem ornamentalen Charakter der Darstellung. In seinen Stillleben waren Stoffe, Teppiche, Tapeten und Gebrauchsgegenstände beliebte Motive. Vanessa ließ sich von ihm zu einigen Buchumschlägen für die Werke ihrer Schwester inspirieren.

Zu der Zeit, als Vanessa Bell in England nach neuen Ausdrucksformen in der Malerei suchte, ging in Deutschland eine Kollegin einen ähnlichen Weg. Die feministische Sprachwissenschaftlerin Luise F. Pusch weist auf die Verwandtschaft der Werke Vanessa Bells mit ihrer früh verstorbenen Zeitgenossin Paula Modersohn-Becker hin. Sie ist sich sicher: Wenn die Engländerin deren Arbeiten gekannt hätte, wäre diese ihr »natürliches Vorbild« gewesen. Tatsächlich erinnern Vanessa Bells frühe Porträts, Selbstporträts und Stillleben wie *Nursery Tea* und *Studland Beach* von 1912 stark an die Bilder der zu Lebzeiten unbeachteten, aus Worpswede stammenden und in Paris zur Meisterschaft findenden Malerin Modersohn-Becker. Doch damals waren sowohl die englischen als auch die deutschen Malerinnen und Maler nur an französischer Kunst interessiert; ein englisch-deutscher Austausch fand nicht statt.

Auch Virginia nutzte die Bloomsbury Gruppe, um sich von der viktorianischen Moral zu befreien, und genoss die vielfältigen Anregungen, die sie ihr bot. Sie setzte sich zunehmend mit moderner englischer und amerikanischer Literatur auseinander und wurde in ihrem Wunsch, Schriftstellerin zu werden, bestärkt. Im *Guardian* und im *Times Literary Supplement* publizierte sie erste Artikel und Kritiken.

Seit der Heirat ihrer Schwester war die Ehe ein Thema, auf das Virginia immer wieder angesprochen wurde. Doch sie stand ihm indifferent gegenüber und wünschte sich, damit nicht weiter konfrontiert zu werden. Auch machte ihr ihre Schwester das Familienleben nicht gerade schmackhaft. Mit der Mutterrolle, die Vanessa nach der Geburt ihres Sohnes Julian im Jahr 1908 ebenso liebe- wie verantwortungsvoll übernommen hatte, hatten sowohl Vanessas Ehemann Clive als auch Virginia Probleme. Wenn Vanessa Gespräche unterbrach, um nach Julian zu sehen, fühlten sie sich vernachlässigt. Schwager und Schwägerin schlossen sich immer enger zusammen und verbrachten viel Zeit miteinander.

Virginia hätte wissen müssen, dass Vanessa die Affäre der beiden ihr nahestehenden Menschen als doppelten Verrat empfinden würde, doch die Sorge um sich selbst stand bei Virginia im Vordergrund. Vanessa verspürte nicht nur Eifersucht, sondern fürchtete den Verlust der einzigartigen schwesterlichen Beziehung, die sie für unzerstörbar gehalten hatte. Sie brauchten einander, nicht nur in emotionaler Hinsicht, sondern auch zum kreativen Gedankenaustausch. Sie waren einander gleichzeitig Kritikerin und Ermutigerin, Korrektiv und Unterstützerin. Deshalb reagierte Vanessa zurückhaltend, als ihr klar wurde, dass sich Clive in Virginia verliebt hatte. Sie ahnte, dass es klüger war, ihre Gefühle für sich zu behalten, weil sie sonst Gefahr lief, die beiden Menschen zu verlieren, die ihr am wichtigsten waren. Also übte sie sich in Geduld und Nachsicht und hoffte, ihre Schwester würde endlich einen geeigneten Ehemann finden und ihr Interesse an Clive verlieren.

Als der homosexuelle Lytton Strachey um Virginias Hand anhielt, nahm diese den Antrag sofort an, womit er überhaupt nicht gerechnet hatte und sich infolgedessen überfordert fühlte. Nachdem er sich Rat bei einigen Bloomsberries geholt hatte, zog er den Antrag zurück. Virginia machte es ihm leicht, indem sie ihm gestand, nicht in ihn verliebt zu sein.

1912 heiratete Virginia den Schriftsteller Leonard Woolf, einen Freund ihres verstorbenen Bruders Thoby. Leonard Woolf war fast zehn Jahre im Kolonialdienst gewesen, bevor er sich wieder in England niederließ und beschloss, wie sie, als freier Schriftsteller zu leben. Sein erster Roman, *Das Dorf im Dschungel* (engl. *The Village in the Jungle*, 1913), thematisiert seine Erfahrungen in Ceylon, dem heutigen Sri Lanka.

Virginia erkrankte kurz nach der Hochzeit an einer schweren Depression und unternahm bereits im ersten Ehejahr einen Selbstmordversuch. Im Frühjahr 1915 erlitt sie einen Nervenzusammenbruch. Im selben Jahr veröffentlichte sie ihren ersten Roman, *Die Fahrt hinaus* (engl. *The Voyage Out*, 1915). Zwei Jahre später kauften Virginia und Leonard Woolf eine Druckerpresse und gründeten den Verlag The Hogarth Press, in dem von nun an alle ihre Werke erschienen, zuerst 1922 *Jakobs Raum* (engl. *Jacob's Room*). In dieser Zeit lernte sie die Schriftstellerin Vita Sackville-West kennen, mit der sie eine Freundschafts- und Liebesbeziehung einging. Im April 1925 publizierte Virginia die Essay-Sammlung *Der gewöhnliche Leser* (engl. *The Common Reader*), im Mai ihren Roman *Mrs Dalloway*. 1927 folgte *Zum Leuchtturm*. Im Sommer 1928 verbrachte Virginia zwei Wochen bei Vita in Long Barn; im September unternahmen die beiden eine Reise nach Frankreich. Einen Monat später erschien der Roman *Orlando*. Darin lässt Virginia einige Aspekte der Persönlichkeit ihrer Freundin Vita wie in einem Kaleidoskop aufblitzen. Das Leben der Protagonistin umfasst beinahe vier Jahrhunderte, in denen sie Zeiten, Orte und ihr Geschlecht wechselt: Orlando wird als Junge geboren und verwandelt sich nach zahlreichen Begegnungen mit historischen Persönlichkeiten in eine Frau, die plötzlich mit unerwarteten Verhaltensregeln, aber auch mit neuen Möglichkeiten weiblicher Identität konfrontiert wird.

Als Virginia im Oktober 1927 mit der Arbeit an dem Roman begonnen hatte, hatte sie Vita in einem Brief berichtet, sie habe nach einer Phase der Mut- und Ideenlosigkeit plötzlich, »wie automatisch«, die Worte »Orlando: Eine Biographie« auf ein neues Blatt geschrieben. »Kaum hatte ich das getan, war mein Körper überflutet von Entzücken und mein Kopf von Ideen«, hatte sie geschwärmt und ihre Freundin gefragt, was sie zu folgendem Inhalt sage: »Angenommen, es stellt sich heraus, dass Orlando Vita ist und nur von Dir handelt und den Lüsten Deines Fleisches und den Verlockungen Deines Geistes.« Vitas Antwort war umgehend erfolgt: Wenn sie »jemals vor Begeisterung und Schreck gezittert habe, dann bei der Aussicht, in die Form von Orlando gegossen zu werden.« Ihr Fazit: »Was für ein Spaß für Dich; was für ein Spaß für mich.«

1929 trat Virginia Woolf mit einem Buch an die Öffentlichkeit, das zum Kultbuch der Frauenbewegung werden sollte: *Ein Zimmer für sich allein* (engl. *A Room Of One's Own*). Es basiert auf zwei Vorträgen, die sie im Vorjahr am ersten Frauencollege Großbritanniens an der Universität Cambridge gehalten hatte. Sie spürt darin den Widerständen nach, die Schriftstellerinnen wie Jane Austen und die Brontë-Schwestern zu überwinden hatten, und stellt die Frage: Wenn Shakespeare eine Schwester gehabt hätte, die genauso begabt wie er gewesen wäre – was wäre aus ihr geworden? Pointiert und poetisch, leidenschaftlich und ironisch schildert sie die Situation einer Frau, die Schriftstellerin werden will, und nennt die dafür notwendigen Voraussetzungen: nicht nur geistige, sondern auch finanzielle Unabhängigkeit, konkret: »fünfhundert (Pfund) im Jahr und ein eigenes Zimmer«.

In den 1920er Jahren, in denen Virginia ein Buch nach dem anderen veröffentlichte, feierte Vanessa gemeinsam mit Duncan Grant ebenfalls berufliche Erfolge. Neben der Ausstattung von Häusern, Villen und Kirchen entwarfen sie Tapeten- und Teppichmuster, Möbelstoffe und Einrichtungsgegenstände. Sie wurden zu Ausstellungen eingeladen und gingen auf Reisen. Doch auf diese glücklichen Jahre folgten für Vanessa schwere Prüfungen. Kurz nacheinander starben ihre Freunde Lytton Strachey und Roger Fry. 1934 dann die Katastrophe: Ihr Sohn Julian verunglückte tödlich als Sanitätsfahrer im Spanischen Bürgerkrieg. Wenn Virginia ihr nicht zur Seite gestanden hätte, wäre es ihr unmöglich gewesen zu überleben, gestand sie Vita Sackville-West. »Doch das kann ich Virginia gar nicht sagen. Können Sie es ihr sagen?«

Es sollte allerdings nicht lange dauern, bis Virginia selbst wieder in eine schwere psychische Krise geriet. In ihrer Arbeit schien sie dies allerdings nicht zu beeinträchtigen: In den 1930er Jahren entstand ihr Spätwerk, darunter *Die Wellen* (engl. *The Waves*, 1931) und *Drei Guineen* (engl. *Three Guineas*, 1938), in dem sie das Patriarchat, die Vorherrschaft des Mannes in allen Lebensbereichen, als Ursache von Militarismus, Faschismus und Krieg entlarvt. Unmittelbar vor Ausbruch des Zweiten Weltkriegs fragte sie sich, wie Frauen einen Krieg verhindern könnten, waren sie doch ausgeschlossen von politischen Ämtern.

Nachdem die Deutsche Wehrmacht Polen überfallen hatte, erklärte England Deutschland am 2. September 1939 den Krieg. Im Mai 1940 folgten die Überfälle auf Holland und Belgien. Virginia und Leonard beschlossen, gemeinsam Suizid zu begehen, falls es zu einer deutschen Invasion in England kommen sollte. Für sie wurde die Lage immer bedrohlicher, nachdem die Luftschlacht um England begonnen hatte. Virginias gesundheitlicher Zustand verschlechterte sich zunehmend. Am 28. März 1941 schrieb sie je einen Brief an Leonard und an Vanessa. Sie kündigte darin ihren Selbstmord an, weil sie befürchtete, wahnsinnig und nie wieder gesund zu werden. Zum Schluss dankte sie Leonard für seine Geduld, sein Verständnis und versicherte ihm: »Ich glaube nicht, dass zwei Menschen glücklicher hätten sein können, als wir gewesen sind.« Ihrer Schwester gestand sie: »Ich kann kaum noch klar denken. Wenn ich es könnte, würde ich Dir sagen, was Du und die Kinder mir bedeutet habt. Ich denke, Du weißt das.«

Nachdem sie die Briefe auf dem Kaminsims aufgestellt hatte, verließ sie unbemerkt das Haus und ging durch die Wiesen zum Fluss Ouse. Dort verliert sich ihre Spur. Ihre Leiche wurde erst drei Wochen später geborgen. Leonard begrub die Urne mit ihrer Asche unter zwei großen Ulmen im Garten, deren Äste ineinander verschlungen waren und die ›Leonard und Virginia‹ genannt wurden. Er überlebte seine Frau um fast 30 Jahre, starb 1969 im Alter von 88 Jahren und wurde neben Virginia unter den Ulmen begraben.

Vanessa verlebte ihre letzten Lebensjahre zusammen mit Duncan in ihrem Landhaus in Charleston. Noch vor dem Ersten Weltkrieg hatten sich Clive und sie auseinandergelebt, so dass sie mit Duncan und dessen damaligem Freund David Garnett zusammengezogen war. Mit ihrem Ehemann Clive war sie aber weiterhin freundschaftlich verbunden geblieben. Im Winter 1960 erkrankte sie an einer Lungenentzündung, an der sie am 7. April 1961 starb – an dem Ort, der so etwas wie ihre große Bühne gewesen war, auf der sie in selbstkreierten Kulissen und Kostümen die Rolle spielen durfte, die sie selbst für sich konzipiert hatte. ❖

Alix und Ella – Zarin Alexandra und Großfürstin Elisabeth

❖ Im Sommer 1884 saß die zwölfjährige Prinzessin Alix im Zug, der sie in ein fernes Land zur Hochzeit ihrer geliebten Schwester Ella bringen sollte. Sie konnte es kaum erwarten, sie wiederzusehen. Die kluge große Schwester war der Mensch, mit dem sie sich am meisten verbunden fühlte. Warum musste Ella nun einen Mann heiraten, der in einem fremden Land lebte, das weit entfernt war von ihrem Zuhause? Sie hatte doch so viele Verehrer in der Nähe gehabt, zum Beispiel ihren Cousin Willy, der einmal Deutscher Kaiser werden würde. Und das war nicht der einzige Bewerber gewesen, den die Großmutter, Königin Victoria von England, für Ella vorgesehen hatte. Doch die junge selbstbewusste Frau hatte alle abgelehnt.

Ella wurde am 1. November 1864 in Darmstadt als Elisabeth Alexandra Luise Alice Prinzessin von Hessen und bei Rhein geboren. Sechs Jahre später, am 6. Juni 1872, kam Alix Victoria Helen Luise Beatrice zur Welt. Die beiden wuchsen zusammen mit fünf weiteren Geschwistern im Darmstädter Schloss auf: Viktoria (geboren 1863), Irene (geboren 1866), Ernst-Ludwig (genannt Ernie, geboren 1868), Friedrich-Wilhelm (genannt Frittie, geboren 1870), Marie (genannt May, geboren 1874). Die Eltern: Großherzog Ludwig IV. und Prinzessin Alice von Hessen und bei Rhein. Ihre Großmutter mütterlicherseits war Königin Victoria von England.

Im Dezember 1878 ereilte die Herzogliche Familie eine Tragödie: Die Mutter starb an Diphtherie. Während der Russlandreise 1884 wird sich Alix an die Anspannung erinnert haben, die damals in der Familie geherrscht hatte, als die Mutter erkrankt war. Sie war so stark gewesen, hatte zu Beginn noch ihren Mann und ihre Kinder gepflegt und versichert, sie würde sich nicht anstecken, weil sie fest daran geglaubt hatte, gesund zu bleiben. Genauso hatte auch Ella argumentiert, doch sie war die Einzige, die sich nicht infizierte. Alix hingegen hatte gleichzeitig mit den anderen Geschwistern Fieber und Halsschmerzen bekommen. Sie sollten es fast alle überstehen: ihr Vater, ihre älteren Schwestern Viktoria und Irene, ihr Bruder Ernie und sie selbst. Nur die kleine May schaffte es nicht. Nachdem sie gestorben war, wurde auch die Mutter krank und starb nach kurzer Zeit. Aus der fröhlichen Alix, die man wegen ihres sonnigen Wesens Sunny nannte, wurde beinahe über Nacht ein trauriges nachdenkliches Kind, das immer ein wenig abwesend schien.

Viktoria, die älteste Tochter, kümmerte sich nach dem Tod der Mutter zusammen mit ihrem Vater und den Gouvernanten um ihre jüngeren Geschwister – dabei war sie selbst erst 15 Jahre alt. Die Verantwortung für die Erziehung übernahm die Großmutter Königin Victoria. Beinahe täglich schrieb sie aus Schloss Windsor, nahm an allen wichtigen familiären Ereignissen Anteil und stand mit Rat und Tat zur Verfügung. Englisch war die erste Sprache in der Familie, sowohl im Gespräch als auch in der Korrespondenz. Königin Victoria forderte die Kinder auf, sich ohne Scheu mit ihren Sorgen an sie zu wenden. Ihr besonderes Augenmerk richtete sie auf Alix, »das hübscheste Kind, das ich je gesehen habe«. Alix war aber nicht nur hübsch, sie war klug, fleißig und äußerte in einem Brief an Königin Victoria noch einen weiteren wichtigen Vorsatz: »I will try always to be a good girl.«

In seinen Erinnerungen schreibt Ernie über seine Schwestern und ihr Verhältnis untereinander: Er selbst habe sich mit Ella am besten verstanden. Sie habe ein großes Einfühlungsvermögen besessen, so dass er ihr nie etwas habe erklären müssen. Außerdem sei sie eine der schönsten Frauen gewesen, »die es gab, denn ihr Körper war in allem vollendet«. Eine angenehme Stimme habe sie gehabt und sehr gut malen und zeichnen können. »Sie genoss es auch, sich schön anzuziehen, aber nicht aus Eitelkeit, sondern aus Freude daran, etwas Schönes zu schaffen. Sie hatte viel Humor und konnte Sachen, die ihr passierten, hinreißend komisch erzählen.« Auch Alix sei sehr schön gewesen, doch im Gegensatz zu Ella ernst, verschlossen und ohne Humor. Nur als kleines Kind habe sie viel gelacht und daher ihren Kosenamen Sunny erhalten, der jedoch später nicht mehr zu ihr gepasst habe.

Ella sollte am 3. Juli 1884 in Sankt Petersburg Großfürst Sergej Alexandrowitsch Romanow, einen Bruder des amtierenden Zaren Alexander III. heiraten – gegen den Willen Königin Victorias, die einen anderen Ehemann für sie vorgesehen hatte. Doch Ella hatte sich gegen ihre Großmutter durchgesetzt. Und nun war ihre Familie auf dem Weg zu ihrer Vermählung. Als die Reisegesellschaft aus Darmstadt in Sankt Petersburg eintraf, warteten dort schon goldene Karossen. Ellas Hochzeit übertraf an Prunk alles, was Alix bis dahin erlebt hatte. Die Trauung fand in der Kapelle des Winterpalasts statt. Die Priester waren ganz in Gold gekleidet, die feierliche Zeremonie schien nicht enden zu wollen. Ein imposanter Chor sang, Weihrauch erfüllte die Luft. Ella sah aus wie eine Märchenprinzessin. Sie trug ein Brautkleid aus Silberbrokat, einen weinroten Samtmantel mit Hermelinbesatz und langer Schleppe und einen weißen Schleier. Der Brautschmuck hatte einmal Katharina der Großen gehört. Ellas Anblick überwältigte nicht nur Alix und ihre Geschwister. Eine der Hofdamen der Zarin schwärmte, Ella sei die schönste Braut, die sie jemals gesehen habe.

Nikolaus, der 16-jährige Sohn der Zarenfamilie, übernahm die Rolle des Gastgebers, der seinen ausländischen Cousins und Cousinen den Aufenthalt so angenehm wie möglich machen wollte. Er hatte sich schon seit Längerem darauf gefreut, seine deutschen Angehörigen kennenzulernen. Besonders gefiel ihm die kleine Alix. Diese hatte überhaupt nicht an ihre russischen Verwandten gedacht. Das Wiedersehen mit der geliebten großen Schwester, die nun einen Bruder des amtierenden Zaren heiratete, war ihr Ziel gewesen. Von Ella umarmt zu werden, war einer ihrer Herzenswünsche. Doch der war plötzlich in den Hintergrund getreten, denn nun saß sie ihm gegenüber: dem Zarewitsch Nikolaus Alexandrowitsch.

Die Anziehung war von Anfang an gegenseitig. Nikolaus schrieb in sein Tagebuch: »Mit Ernst, der hübschen kleinen Alix und Sergej speisten wir zu Abend. Alix und ich schrieben unsere Namen auf das Hoffenster des Italienischen Hauses (wir lieben uns).«

Anfang 1889 reiste die mittlerweile 16-jährige Alix zusammen mit ihrem Vater und ihrem Bruder zum zweiten Mal nach Russland. Fünf Jahre war es her, dass sie anlässlich der Hochzeit ihrer Schwester zum ersten Mal dort gewesen war. Damals hatte sie sich verliebt, und diese Liebe war in den fünf Jahren nicht verblasst. Sie konnte es kaum erwarten, Nikolaus wiederzusehen. Mittlerweile war sie auch alt genug, um am gesellschaftlichen und kulturellen Leben Sankt Petersburgs teilzunehmen – und das zum Höhepunkt der Ballsaison. Alix und Nikolaus waren sich einig, dass sie zusammengehörten.

Als die Klatschblätter über eine Verbindung zwischen Alix und dem russischen Thronfolger berichteten, griff Königin Victoria ein, die einen anderen Ehemann für ihre Enkelin vorgesehen hatte. Sie musste jedoch bald einsehen, dass sie als Heiratsvermittlerin erfolglos war.

Doch nicht nur sie, sondern auch Nikolaus' Eltern, Zar Alexander III. und Zarin Maria Fjodorowna, versuchten, die Ehe zu verhindern, weil sie mit der Wahl ihres Sohnes nicht einverstanden waren. Während sich hinter seinem Rücken eine Art Komplott zusammenbraute, bat Nikolaus Ella um Unterstützung.

Ella teilte Nikolaus mit, sie habe Sergej ins Vertrauen gezogen. »Weißt du, ich habe gelernt, wenn man in einer Kirche, die gerade geweiht wird, gut betet, dann wird Gott die Gebete erhören – deshalb habe ich in Jerusalem und im Haus von Paul so innig für euch gebetet, dass ihr in Liebe zueinanderfindet.« Sie habe Alix von ihrem Gespräch mit Nicky berichtet und ihr geschrieben, dass Nicky mit so viel Freude an ihren letzten Besuch denke und dass es ihm große Freude gemacht habe, sie zu sehen. »Deutlicher möchte ich nicht werden, das wirst du eines Tages tun müssen – mit Gottes Hilfe wird alles gut werden. Glaube und Liebe gehen sehr weit, und wenn ihr IHM und euch gegenseitig vertraut, dann wird alles zum Besten werden.«

Und tatsächlich, der Glaube und die Liebe siegten: Alix und Nikolaus verlobten sich 1894 in Coburg. Als Zar Alexander III. überraschend schwer erkrankte, wurde Alix mit einem Schlag klar, welche Position sie durch die Verbindung mit Nikolaus in Kürze einnehmen würde. Sie würde keine Zeit haben, sich in Russland im Schutz des amtierenden Zarenpaars auf ihre künftige Rolle vorzubereiten. Auch Nikolaus wurde bewusst, wie wenig er auf seine kommenden Aufgaben vorbereitet war. Er hatte zwar die in seinen Kreisen übliche militärische Ausbildung genossen, doch in Regierungsangelegenheiten war er gänzlich unerfahren. Weder hatten sie ihn interessiert noch hatte ihn sein Vater mit der Staatsführung vertraut gemacht. Beide hatten es versäumt, an ihre Zukunft und damit an die Zukunft eines riesigen Reichs zu denken. Wenn Nikolaus es jetzt tat, stieg Panik in ihm auf. Sorge, Anspannung und Angst beherrschten ihn. Sie drohten, den Sommer des unbeschwerten Glücks und der Liebe zu verdrängen. Am 20. Oktober 1894 schrieb Nikolaus in sein Tagebuch: »Mein Gott, mein

Gott, was für ein Tag! Der Herr hat unseren angebeteten, viel geliebten Papa zu sich gerufen.« Am Abend wurde im Schlafzimmer des Zaren das Totengebet gehalten.

Ella berichtete Königin Victoria, Alix habe mit den anderen am Bett des Sterbenden gewacht und »wie ein kleiner Engel« alle zu trösten versucht. Alix wollte nicht zur Untätigkeit verurteilt sein, obwohl sie sich genauso hilflos fühlte wie beim Tod ihrer Mutter. Auch damals schien die Zeit plötzlich stillzustehen. Doch jetzt hatte sie eine Aufgabe: Sie musste Nikolaus zur Seite stehen, ihn ermutigen, stärken und unterstützen. Es war nicht leicht, denn sie kannte weder das Land noch den Hofstaat noch das Volk. Auch die Sprache war ihr noch nicht vertraut. Sie war eine Fremde, verunsichert und traurig. Das einzig Sichere war ihre Liebe zu Nikolaus und seine Liebe zu ihr. Nachdem sie zum orthodoxen Glauben konvertiert war, ernannte er sie zur Kaiserlichen Hoheit Großfürstin Alexandra Fjodorowna.

Nach der Hochzeit, die wegen der Trauer um den Zaren sehr schlicht gefeiert wurde, begann für Nikolaus und Alexandra die Zeit der Arbeit. Für Alexandra hieß das vor allem, Russisch zu lernen. Sie begann, die Rolle der Herrscherin für sich zu kreieren – mit den Attributen, die sie für unerlässlich hielt. Nur so konnte sie verhindern, dass sie in dem höfischen Netzwerk aus Klatsch und Intrigen unterging.

Ella versuchte, ihre kleine Schwester zu stärken. Von Herzen wünschte sie ihr, in Petersburg glücklich zu werden. »Du sollst als der wahre Sonnenschein erscheinen, der Du bei Mama warst, so dass sich alle freuen, Dich zu kennen; ein Lächeln, ein Wort – und alle werden Dich anbeten! Ich weiß aus Erfahrung, wie unbeschreiblich liebenswürdig und ergeben die Menschen hier sein können«, erklärte sie Alexandra und empfahl ihr: »Lächle, lächle, bis Dich der Mund schmerzt, aber denke daran, dass die anderen einen glücklichen Eindruck mit nach Hause nehmen, und wenn sie erst einmal Dein Lächeln kennen, vergessen sie es nicht mehr – der erste Eindruck zählt.« Deutlich zeigt sich der unterschiedliche Charakter der beiden Schwestern:

Während Ella sich bereits nach wenigen Jahren in die russische Gesellschaft integriert hatte und von ihr nicht nur akzeptiert, sondern geliebt wurde, sollte Alexandra zeitlebens eine Außenseiterin bleiben.

Am 15. November 1895 verkündete der Zar die Geburt seines ersten Kindes: Olga. Es gab nur einen Wermutstropfen, den seine Schwester Xenia ansprach: »Welch große Freude, nur schade, dass es kein Sohn geworden ist!« Genau das sollte noch dreimal passieren, bis 1904 Alexej, der ersehnte Thronfolger, zur Welt kam. 1897 hatten Tatjana, 1899 Maria und 1901 Anastasia das Licht der Welt erblickt.

Das große Ereignis des Jahres 1896 sollte die Krönungszeremonie in Moskau werden. Insgeheim hoffte Alexandra, dadurch für die triste Hochzeit entschädigt zu werden. Ihr Bruder Ernie zeigte sich überwältigt: »Nicht zu beschreiben war der Anblick, als die Millionen Menschen auf den weithin abfallenden Abhängen bis zum Fluss und dann noch jenseits davon zu Boden sanken und das endlose Hurra wie eine riesenhafte Sturmwelle hinauf zu diesen zwei einsamen, in der Sonne stehenden, glitzernden Menschen aufflutete.«

Ella beteuerte ihrer Großmutter Königin Victoria, sie sei keinen Moment eifersüchtig gewesen auf ihre Schwester, die nun zur Zarin von Russland gekrönt wurde. Bei den Feierlichkeiten habe sie sich beobachtet gefühlt – besonders als der Moment kam, an dem sie ihrer Schwester die Hand küssen sollte. Da dachte sie plötzlich an ihre Kindheit: »In Darmstadt haben wir uns immer über unsere Rangfolge lustig gemacht und darüber, wie jeder von uns sich verheiratet hat: mit abnehmendem Alter immer höher, sodass die Älteste zuletzt kommt.«

Doch Alexandra wurde in ihren Erwartungen enttäuscht: Die Feier, die für das Volk auf dem Kodynkafeld vor der Stadtmauer von Moskau stattfinden sollte, geriet zum Desaster, weil wegen mangelnder Sicherheitsvorkehrungen eine Massenpanik ausbrach, die viele Opfer forderte. Verantwortlich für die Katastrophe war ihr Schwager, der Gouverneur von Moskau, Großfürst Sergej. Er hatte angeordnet, die

Leichen so schnell wie möglich auf Karren und Wagen durch die geschmückten Straßen in die Leichenhäuser zu bringen. Im Zarenpalast
war weitergefeiert worden, als wäre nichts geschehen. Alexandra erfuhr erst später von dem Unglück. Sie war tief bestürzt, dass es igno-
riert worden war, und konnte nicht begreifen, dass Ella diese von
Sergej getroffene Entscheidung verteidigte. Wie konnte ihre Schwester,
die doch von klein auf ein ausgeprägtes Gerechtigkeitsgefühl hatte, so
verblendet sein?

Wohl kaum ein anderes Mitglied der Romanow-Familie wird von ihren Zeitgenossen so kontrovers geschildert wie Ella. Einig war man
sich nur über ihre Erscheinung. »Hinreißende Schönheit, seltene Intel-
ligenz, wunderbarer Sinn für Humor, unendliche Geduld, Aufge-
schlossenheit, Großzügigkeit« wurden ihr attestiert. Man habe nur einen Abend in ihrer Gesellschaft verbringen müssen und sei schon in
sie verliebt gewesen. Nicht nur schön und klug, sondern darüber hinaus mit einem Übermaß an Charme ausgestattet, lautete die allgemei-
ne Charakteristik.

»Grausam und ungerecht« sei es, so Alix in einem ihrer Briefe, dass
»eine Frau von ihrem Format« einen Mann wie Sergej geheiratet habe.
»Zwei gegensätzlichere Persönlichkeiten hätte man sich nicht vorstellen können.« Wie konnte Ella es nur mit einem solch groben, groß-
spurigen Mann aushalten? Einem Despoten, der sie bevormundete,
überwachte und wie ein Kind behandelte. Doch in Ellas Briefen an ihre
Geschwister und die Großmutter, Königin Victoria, wird nie eine
Klage laut. Stattdessen spürt man ihren ausgeprägten Familiensinn
und ihre Fürsorge. Sie setzte sich tatkräftig für das Lebensglück ihrer
kleinen Schwester ein – gegen Widerstände von allen Seiten.

In krassem Gegensatz dazu erscheinen die Ausführungen ihrer
Nichte und Pflegetochter Maria Pawlowna. Sowohl in ihren Briefen
als auch in ihren Memoiren *Education of a Princess* (1930) schildert
sie Ella als kalte, strenge, eitle Frau, deren Hauptinteresse ihrem eige-

nen Äußeren, ihren Kleidern und ihrem Schmuck gegolten habe. Maria Pawlowna und ihr Bruder Dmitri Pawlowitsch waren nach dem frühen Tod ihrer Mutter in die Obhut ihres Onkels Sergej und seiner Frau Ella gegeben worden. Der verwitwete Vater Paul Alexandrowitsch, Sergejs Bruder, hatte in Paris eine neue Familie gegründet. Maria Pawlowna vermisste ihn sehr und litt am meisten unter der Sprachlosigkeit und Eigenmächtigkeit ihrer Tante, als diese einen Bräutigam für sie aussuchte und die Verbindung mit Hilfe ihres aristokratischen Netzwerks arrangierte. Maria Pawlowna war gerade 17 Jahre alt, als man ihre Verlobung mit Prinz Wilhelm von Schweden initiierte. Das war 1907, zwei Jahre nach dem Tod Sergejs. Offensichtlich wollte sich Ella so schnell wie möglich von ihrer Aufgabe als Pflegemutter befreien, um sich ganz der religiösen Laufbahn zu widmen, für die sie sich entschieden hatte. Maria Pawlowna warf ihr vor, Nächstenliebe und Verständnis zu predigen, ohne sie selbst im Alltag umzusetzen.

Sergej war bei einem Attentat ums Leben gekommen, das ein Terrorist der revolutionären Bewegung auf den Großfürsten verübt hatte. In ihren Memoiren liefert Maria Pawlowna einen Augenzeugenbericht der Geschehnisse, die sie und ihr jüngerer Bruder Dmitrij vom Kreml aus beobachtet hatten: »Meine Tante war, wie wir gesehen hatten, zu dem im Schnee liegenden Leichnam geeilt. Sie hatte die Überreste zerfetzten Fleisches zusammengesammelt und auf eine gewöhnliche Tragbahre gelegt, die eilends aus einer nahe gelegenen Werkstatt der Armee herbeigebracht worden war.« Erst nachdem der Leichnam in die Kapelle des nahen Mirakelklosters geschafft worden war, wurden Maria und ihr Bruder geholt. »Neben der Bahre kniete meine Tante. Sie trug ein helles Kleid, das sich auf groteske Weise von den ärmlichen Kleidungsstücken der übrigen Anwesenden abhob.« Als Maria endlich wagte, ihre Tante anzuschauen, erschrak sie: »Ihre bleichen, leidgeprüften Züge waren zu einer schrecklichen Grimasse erstarrt.« Niemals werde sie den Ausdruck in ihren Augen vergessen: Tränenlos, aber mit einem unbeschreiblichen Entsetzen habe sie auf den Anblick ihres getöteten Mannes reagiert. Zum ersten Mal habe sie ehrliche Emotionen gezeigt.

Unmittelbar nach dem Mord an ihrem Mann tat Ella etwas, das ihre Umgebung in Aufregung versetzte: Sie suchte den Attentäter Iwan Kaljajew im Gefängnis auf, überreichte ihm eine Ikone und versuchte, ihn davon zu überzeugen, dass er ein schweres Unrecht begangen hatte. Doch der Gefangene zeigte keine Reue und blieb bei seiner Auffassung: Sergej sei ein Tyrann gewesen, der das Volk unterdrückt habe. Das hatte nicht ungesühnt bleiben dürfen. In Kaljajews Aufzeichnungen für seine Genossen heißt es über den Besuch der Großfürstin:

Ich will nicht verheimlichen, dass es ein merkwürdig mysteriöses Gefühl war, mit dem wir uns gegenseitig betrachteten, wie zwei zum Tode Verurteilte, die verschont geblieben waren: ich – durch Zufall; sie – durch den Willen der Organisation, durch meinen Willen, denn die Organisation wie auch ich selbst hatten uns ganz bewusst darum bemüht, unnötiges Blutvergießen zu vermeiden.

Vier Jahrzehnte später sollte Albert Camus diese Ereignisse als Vorlage für sein Theaterstück *Die Gerechten* (frz. *Les Justes*, 1949) benutzen.

Hatte sich Ella ihrem Mann während der Ehe völlig untergeordnet, so befreite sie sich nach seinem Tod von allem, was ihr gemeinsames großfürstliches Leben ausmachte. Sie teilte ihren wertvollen Schmuck und ihre Kunstschätze in drei Teile: Der erste, der aus den Geschenken der Zarenfamilie bestand, wurde in den Staatsschatz überführt, den zweiten Teil verschenkte sie an ihre Angehörigen, und mit dem dritten und größten Teil realisierte sie ihren Traum: Sie baute in Moskau ein Nonnenkloster, das dem Gebet und der karitativen Tätigkeit gewidmet war. Zu diesem Kloster gehörten ein Krankenhaus, ein Waisenhaus und eine Schule. Im April 1910 wurde sie in den Rang einer Äbtissin erhoben. Nachdem sie den Segen des Bischofs erhalten hatte, kündigte sie an, die »glänzende Welt« zu verlassen und sich in eine höhere Sphäre zu erheben. Sie entschied sich für eine entbehrungsreiche Lebensweise, die dem Wohl der Allgemeinheit untergeordnet war: »Ich verlasse die schillernde Welt, in der ich eine hohe Stellung eingenommen habe, und jetzt bin ich zusammen mit Euch dabei, hinabzusteigen in eine viel größere Welt – die Welt der Armen und Leidenden.«

Während ihre Schwester sich ins Kloster zurückzog, galt Alexandras größte Sorge ihrem Sohn, Thronfolger Alexej, der an der Bluterkrankheit litt. Um ihn zu retten, war sie bereit, alles Menschenmögliche zu tun. Dazu gehörte die Verbindung zu einem zwielichtigen Guru, Rasputin, der zunehmend Einfluss auf sie gewann. Ob er ein Wunderheiler, ein Weiser, ein Heiliger, ein Starez, ein machtgieriger Hochstapler war, ist bis heute umstritten, doch im Gegensatz zu den Ärzten gelang es ihm nicht nur, Alexejs Schmerzen zu lindern, sondern eine größere Verletzung innerhalb kurzer Zeit zu heilen. Als Retter ihres Sohnes betrachtete Alexandra ihn zwangsläufig als ihren Freund und Ratgeber. Die Ablehnung ihrer kaiserlichen Verwandten und des russischen Volkes nahm sie in Kauf. Nach der Ermordung Rasputins versuchte sie, den spirituellen Verlust auszugleichen und die drohende Katastrophe zu verhindern. Doch es war zu spät, das revolutionäre Geschehen hatte mit der erzwungenen Abdankung des Zaren längst seinen Lauf genommen. Das Ende der autokratischen Herrschaft war besiegelt.

Im April 1918 trat die Zarenfamilie eine Reise ins Ungewisse an. Zunächst fuhr der Zug nach Osten Richtung Omsk, wurde jedoch unterwegs gestoppt und nach Jekaterinburg umgeleitet. Dort besaß die Geheimpolizei Tscheka ein »Haus zur besonderen Verwendung«. Es hatte dem Ingenieur Nikolai Ipatjew gehört und war beschlagnahmt worden. Nikolaus und Alexandra erlebten, wie das Haus vor ihren Augen immer mehr zu ihrem Gefängnis wurde. Um Mitternacht des 3. Juli forderte der dortige Kommandant Jurowski die Gefangenen auf, sich in den Keller zu begeben. Er war erstaunt darüber, dass Alexandra beim Betreten des kahlen Raums sofort nach Sitzgelegenheiten fragte. Während sich die anderen Gefangenen schweigend in ihr Schicksal fügten, begehrte sie noch ein letztes Mal auf. Umgehend wurden zwei Stühle gebracht, auf denen sie und Nikolaus Platz nahmen. Die Kinder und die Bediensteten postierten sich wie zum Gruppenbild um sie herum. Alexandra wusste, was ihr bevorstand, und wollte die Inszenierung ihres Todes auf keinen Fall ihren Mördern überlassen.

Eineinhalb Jahre nach dem Tod Rasputins und neun Monate nach der Oktoberrevolution wurde die Zarenfamilie in der Nacht des 4. Juli 1918 in Jekaterinburg exekutiert. 90 Jahre später, am 1. Oktober 2008, rehabilitierte der Oberste Gerichtshof Russlands die Zarenfamilie. Ihre sterblichen Überreste wurden in der Gruft der Romanows in der Sankt Petersburger Peter-und-Paul-Kathedrale beigesetzt. 2000 wurde die Zarenfamilie von der Russisch-Orthodoxen Kirche heiliggesprochen.

Einen Tag nach der Ermordung der Zarenfamilie, am 5. Juli 1918, brachte man Ella, zusammen mit ihrer Vertrauten, der Nonne Warwara, sowie einigen Mitgliedern der Romanow-Dynastie, in ein Bergwerk nahe Alapajewsk. Die meisten Gefangenen wurden mit Gewehrkolbenschlägen schwer verletzt und noch lebendig in einen Bergwerksschacht geworfen. Dann schmissen die Mörder Handgranaten hinterher, um die Spuren des Verbrechens zu vertuschen. Es wird berichtet, dass man Ella als erste hinuntergestürzt und sie noch die Wunden eines anderen Opfers mit Stoffstreifen aus ihrem Kleid verbunden habe.

Ellas sterbliche Überreste wurden auf Initiative ihrer Schwester Viktoria 1920 nach Palästina überführt und im russisch-orthodoxen

Maria-Magdalena-Kloster in Jerusalem begraben. Das Moskauer Martha-Maria-Kloster der Barmherzigkeit wurde 1926 endgültig geschlossen. Ella wurde 1981 von der russisch-orthodoxen Kirche heiliggesprochen. Sie ist eine von zehn Märtyrerinnen und Märtyrern des 20. Jahrhunderts, deren Heiligenbildnisse über dem Westportal der Westminster Abbey hängen. ❖

Frauen der Zukunft

Else und Frieda von Richthofen

❖ Nottingham, Frühjahr 1907: Die 27-jährige Frieda Weekley, geborene von Richthofen, befand sich trotz ihrer gesicherten Lebensverhältnisse – verheiratet mit einem renommierten Literaturwissenschaftler, Mutter von drei kleinen Kindern – in einem Zustand innerer Unruhe. Dazu beigetragen hatten die Erzählungen ihrer jüngsten Schwester, der in Berlin lebenden Johanna, genannt Nusch. Bei ihrem letzten Besuch hatte ihr Nusch vom Leben der großen Schwester Else im Zentrum der freien Liebe, Schwabing, begeistert vorgeschwärmt. In dem Münchner Stadtbezirk teile man sich die Liebhaber, spreche sogar offen darüber, habe weder Heimlichkeiten noch Besitzansprüche. Frieda war überrascht, denn im Gespräch mit Else hatte diese nur ihre soziologischen Studien erwähnt sowie ihre feministischen Aktivitäten in Frauenvereinen und Salons, zu denen sie in München und Heidelberg eingeladen war und einlud. Überhaupt würden diese beiden Städte die grandiosesten Denker beherbergen, darunter die Brüder Max und Alfred Weber, beide Soziologen und Nationalökonomen. Vor allem Max Weber hielt sie für ein Genie, von dem es viel zu lernen gab – in geistiger Hinsicht, nicht etwa in körperlicher.

Auf Frieda hatten Nuschs Berichte großen Eindruck gemacht. Sie entschied, ihre große Schwester, die sie schon seit Längerem eingeladen hatte, in München zu besuchen und deren intellektuelles und sexuelles Leben näher zu betrachten. Endlich würde sie die Schwabinger Verführungen und Verführer kennenlernen, die von Nusch so ausgiebig geschildert worden waren. Dafür nahm sie die weite Reise von England nach Bayern auf sich. Einer ihrer ersten Wege in München führte sie ins Café Stefanie. Ein Lokal wie dieses hatte sie zuvor noch nie gesehen: Der überfüllte, rauchgeschwängerte Raum war voller eigenartig gekleideter Leute, allen voran einer Frau, die einen Zylinder auf dem Kopf trug und sich singend zwischen den Tischen bewegte, an denen gegessen, getrunken und Schach gespielt wurde. Dabei legte sie immer mehr Kleidungsstücke ab. Frieda glaubte ihren Augen nicht zu trauen, der erste Eindruck war überwältigend und verstörend zugleich.

Beim Treffen mit ihrer großen Schwester gab es, wie erwartet, viel zu besprechen, allerdings nicht so sehr über Elses Studien bei Max Weber, sondern über ihr Liebesleben. Elses aktueller Liebhaber war der Psychoanalytiker Otto Gross. Er stammte aus der Steiermark und war 1877 als Sohn des renommierten Kriminologen Hans Gross geboren worden. Im Rahmen seines Medizinstudiums hatte er die Psychoanalyse kennengelernt und war von ihr fasziniert. Für ihn war die Psychologie des Unbewussten die Philosophie der Revolution. Von Anfang an verband er die Freud'sche Lehre mit radikaler Gesellschaftskritik und suchte die Orte auf, in der neue Formen des Zusammenlebens praktiziert wurden, darunter Ascona und München. Dort hatte er Else kennengelernt und war mit ihr eine Liebesbeziehung eingegangen – obwohl Else verheiratet war. Aber auch Elses Ehemann, Edgar Jaffé, der spätere Finanzminister der Münchner Räterepublik, hatte eine Geliebte: die Schwabinger Szene-Ikone Franziska Gräfin zu Reventlow. Keiner der Beteiligten machte ein Geheimnis daraus.

Frieda konnte nur staunen über das, was sie von ihrer Schwester zu hören bekam. Es hatte so gar nichts mit ihrem eigenen Leben in Nottingham zu tun. Doch erst als Else detailliert von Otto Gross schwärmte, wurde sie neugierig. Sexuell erschlossen habe er sie und bei ihr eine Ekstase ausgelöst, die sie zuvor nicht kannte, gestand Else und riet Frieda, sich bei Otto Gross einer jener Gesprächskuren zu unterziehen, wie er sie im Café Stefanie an seinem Ecktisch täglich abhielt. Es war die Zeit, in der die Psychoanalyse zunehmend an Popularität gewann – jedenfalls in gewissen intellektuellen Kreisen. Oberstes Ziel war es, die üblichen Verdrängungen aus dem Unterbewusstsein zu befreien, damit sie nicht länger zerstörerisch wirken konnten. Frieda war dazu bereit.

Die Richthofen-Schwestern – Else, Frieda und Nusch – wuchsen in der deutschen Garnisonstadt Metz auf, wo ihr Vater, Baron Friedrich von Richthofen, als Mitglied der deutschen Besatzungsarmee in der Verwaltung tätig war. Die Töchter liebten ihren Vater und erkannten früh die Widersprüchlichkeit seines Charakters, die ihm selbst stark zu schaffen machte. Er führte einen lebenslangen inneren Kampf gegen seine Sensibilität, Spontaneität und Instabilität, die sich mit seinem Status als Garnisonsoffizier nur schwer vereinbaren ließen. Außerdem brachte seine Spielleidenschaft der Familie immer wieder finanzielle Probleme, bei deren Lösung vor allem Elses beherzter Einsatz notwendig war. Mehr als einmal besorgte sie das notwendige Geld zur Begleichung der Spielschulden. Das Verständnis und die Nachsicht, mit denen die drei Schwestern ihrem Vater begegneten, brachten sie später auch ihren Liebhabern und Ehemännern entgegen.

Zu Hause in Metz dominierte die Mutter. Baronin von Richthofen, geborene Anna Marquier, war bodenständig und naturverbunden. Sie fühlte sich wohl in der aristokratischen Gesellschaft der Provinz. Mit ihrem Mann hatte sie außer ihren Kindern nicht viel gemein, so dass sie schließlich nur noch durch die Konvention miteinander verbunden waren. Die Töchter litten unter der Atmosphäre der verdeckten Aggression, vor allem in ihrer frühen Jugend, als sie sich das spannungsreiche Verhältnis der Eltern noch nicht erklären konnten.

Solange die Baronin lebte – sie starb 1930 im Alter von 79 Jahren –, hielten sie und ihre Töchter fest zusammen. Der Biograf Martin Green spricht sogar von einem »Matriarchat zu viert«, einem Brennpunkt weiblicher Kraft, welcher die jeweiligen Männer zu Randfiguren degradierte. Von ihrem Vater wurden die Schwestern »die drei Grazien«, von D. H. Lawrence, Friedas zweitem Ehemann, »Ihr Göttinnen drei« genannt. Else war von exquisit-klarer, Frieda von erotisch-anziehender, Nusch von üppig-blühender Schönheit.

So unterschiedlich ihr Äußeres war, so verschieden waren auch ihre Charaktere. Die 1874 geborene Else strebte nach Unabhängigkeit und suchte schon früh nach einer Fluchtlinie, die sie aus der Freudlosigkeit des Elternhauses hinausführte. Sie fand sie in der Literatur und in der Wissenschaft. Im Alter von 17 Jahren wurde sie Lehrerin und schuf sich damit die finanzielle Voraussetzung für ein Studium in Freiburg. Eigenständigkeit war eins ihrer Lebensziele. 1897 folgte sie dem Soziologen Max Weber, dessen erste weibliche Studentin sie war, nach Heidelberg und promovierte bei ihm in Volkswirtschaft zum Thema Arbeitsschutz. 1900 wurde sie vom Staat Baden berufen, als Gewerbeinspektorin in Karlsruhe die Rechte der Fabrikarbeiterinnen zu schützen. Sie war die erste Frau in dieser Funktion und lernte dabei die Protagonistinnen der deutschen Frauenbewegung kennen, die im Hause Weber verkehrten, darunter Gertrud Bäumer, Helene Lange und Alice Salomon. 1902 heiratete sie den Nationalökonom Edgar Jaffé, bekam vier Kinder und lebte bis zu Jaffés Tod 1925 in München. Zeitlebens fühlte sie sich für das Wohl ihrer Umgebung – Familie und Bekannte – verantwortlich. Besonders den Kindern galt ihre Sorge. Sie war bestrebt, einen wichtigen gesellschaftlichen Beitrag zu leisten, praktisch und intellektuell. Es ging ihr nicht darum, bewundert zu werden oder im Mittelpunkt zu stehen, vielmehr wollte sie ihren eigenen Ansprüchen gerecht werden. Dazu boten ihr die beiden Städte, in denen sie sich heimisch fühlte, Heidelberg und München, viele Gelegenheiten.

Frieda wurde 1879 geboren; Nusch 1882. Was die beiden jüngeren Schwestern miteinander verband, war die Erkenntnis, nicht so klug und perfekt wie ihre große Schwester zu sein, die auch innerhalb der Familie gern die Lehrerinnenrolle spielte. Sie bestätigten Else darin und kultivierten ihre eigene Kindlichkeit, Sorglosigkeit und Verantwortungslosigkeit. Während Nusch sich ein Leben lang damit zufriedengegeben zu haben scheint, begann Frieda irgendwann, nach einer sinnvollen Aufgabe und vor allem einem bedeutenden Platz in der Welt für sich zu suchen. 1899 heiratete sie den englischen Literaturwissenschaftler Ernest Weekley und bekam drei Kinder. Professor Weekley verbrachte seine gesamte universitäre Karriere an der Universität von Nottingham und publizierte zahlreiche Standardwerke der Linguistik und der Etymologie. Er war Wissenschaftler mit Leib und Seele, darüber hinaus für wenige Dinge zu begeistern, sehr zum Leidwesen seiner Ehefrau, die vergeblich versuchte, ihn zu Diskussionen über ihre Lektüre – sie war fasziniert von Shakespeare und seinen Figuren – anzuregen. Dabei war er fürsorglich und bemüht, sie zu verstehen, doch er konnte einfach nicht aus seiner Haut. Frieda fühlte sich in England als Fremde. Anders als Else in Heidelberg und München gelang es ihr nicht, in kulturellen Kreisen Fuß zu fassen oder im Besuch von Konzerten, Vorträgen oder Theateraufführungen Befriedigung zu finden. Ihr Zuhause war und blieb Deutschland, was sich auch in ihrer literarischen Arbeit niederschlug: Sie übersetzte Schillers Balladen und Bechsteins Märchen ins Englische. Aber das konnte doch nicht alles sein, was ihr das Leben zu bieten hatte. Also ergriff die dreifache Mutter im Frühjahr 1907 die Chance, nach München zu reisen, um herauszufinden, was es mit dem Boheme-Leben, von dem ihre beiden Schwestern schwärmten, auf sich hatte.

Frieda bezeichnete ihre erste Begegnung mit Otto Gross an dem legendären Ecktisch im Café Stefanie, wo er seine Gesprächskuren abhielt, als ein überwältigendes Ereignis. Ihr sei »die alte Welt« plötzlich um die Ohren geflogen. Sie zog Bilanz: Durch Gross sei ihr bewusst geworden, dass das Milieu, in das sie hineingeboren worden war, von ihr umgestaltet werden konnte. Vor allem ihr Part darin war veränderbar. Er war nicht fest vorgegeben, sondern konnte von ihr selbst bestimmt werden. Sie erinnerte sich daran, dass sich ihre ältere Schwester schon einige Male dahingehend geäußert hatte, aber das war auf einem so abstrakten intellektuellen Level geschehen, dass sie sich nicht angesprochen gefühlt und Elses Reflexionen als Belehrungen abgetan hatte. Vielleicht hatte die Schwester so vehement auf ihrem Besuch in München bestanden, weil sie wusste, dass Otto Gross ein überzeugenderer Verfechter dieser existentiellen Gedanken war.

Es dauerte nicht lange, bis sich Frieda heftig in Otto Gross verliebte – und er sich in sie, in die jüngere Schwester seiner damaligen Geliebten. Beide, Frieda und Otto, träumten nun gemeinsam den Traum einer neuen Gesellschaft, welche die alte Ordnung in Frage stellte. Nietzsches Umwertung der Werte und Ibsens Entlarvung der Lebenslüge, auf der die bürgerliche Gesellschaft beruhte, standen Pate und schufen eine neue Freiheit des Denkens und Handelns. Die Welt schien um ein Vielfaches größer geworden zu sein. Frieda war fasziniert von den nahezu unbegrenzten Möglichkeiten, die ihr die Begegnung mit Otto Gross eröffnet hatte – doch sie musste zurück nach England, wo ihre Kinder schon sehnsüchtig auf sie warteten. Eine ihrer Töchter reagierte beim Wiedersehen mit Verstörung und sagte ihr ins Gesicht, dass sie sie nicht als ihre Mutter erkenne. Sie habe zwar die Haut ihrer »alten Mutter«, aber sie sei nicht die, die weggegangen sei. Wahrscheinlich hatte das Kind gespürt, dass ihre Mutter als »Frau der Zukunft«, wie sie von Otto Gross genannt wurde, zurückgekommen war.

In den nächsten Wochen und Monaten erhielt Frieda einige Briefe von Otto Gross, die ihr viel bedeuteten und die sie wie einen Schatz hütete. Gross dankte ihr für den Mut, die Hoffnung, die Energie, die sie ihm geschenkt hatte. Einer Frau wie ihr, deren Reservoir an Vitalität, Lebensfreude und Selbstvertrauen schier unerschöpflich schien, war er nie zuvor begegnet. Erst während ihrer Abwesenheit habe er erkannt, welche Kräfte sie in ihm geweckt und neu belebt habe. Mehr noch, sein körperloser Traum sei aus dem Bereich der Phantasie in die Wirklichkeit transformiert worden. Sein geträumtes »Weib der Zukunft« sei lebendig geworden. Er hatte sich schon damit zufriedengegeben, es als Produkt seiner Vorstellungskraft abzutun, doch nun war er eines Besseren belehrt worden: »Jetzt weiß ich, das Weib, das ich für kommende Geschlechter träume, das hab ich gesehen und geliebt, das Weib meiner Zukunftsträume ist wirklich möglich, es kann existieren – es ist wie ein Wunder als Gruß der Zukunft zu mir gekommen.«

Seine Zeilen erinnern an Erich Mühsams Erinnerungen an Franziska Gräfin zu Reventlow, der in ihr den »innerlich freiesten und natürlichsten Menschen« sah, dem er je begegnet sei. Außer ihrem Namen habe sie »nichts an sich, was vom Moder der Vergangenheit benagt war. In die Zukunft gerichtet war ihr Leben, ihr Blick, ihr Denken; sie war ein Mensch, der wusste, was Freiheit bedeutet.«

Otto Gross fragte sich, wie Frieda es geschafft hatte, den »Fluch und Schmutz von zwei verdüsterten Jahrtausenden« und die damit verbundene christliche Keuschheitsmoral von ihrer Seele fernzuhalten. Er bezeichnete es als Wunder und dankte ihr dafür, dass sie ihn »stark und froh« gemacht und das Lachen gelehrt habe. Durch Frieda wurde er bestärkt in dem Glauben an die Wiederkehr der »mutterrechtlichen Gesellschaft«. Zur Besiegelung ihrer einzigartigen Verbindung wünschte er sich ein Kind von ihr. Doch dieser Wunsch ging nicht in Erfüllung. Stattdessen wurde ihre Schwester Else von ihm schwanger: Sohn Peter kam 1907 zur Welt und wurde von ihrem Ehemann Edgar Jaffé als ehelich anerkannt.

Als diese von seiner Affäre mit Frieda erfuhr, reagierte sie ganz anders als erwartet. Otto Gross hatte angenommen, sie würde sich mitfreuen, musste aber feststellen, dass er sich gründlich getäuscht hatte. Else war nämlich keinesfalls, wie er Frieda versichert hatte, »meilenfern von aller Möglichkeit des Neides«. Im Gegenteil: Frieda musste schwere Vorwürfe über sich ergehen lassen. Wie »Brunhild und Kriemhild« seien sie aufeinander losgegangen. Otto Gross erwähnte sogar eine »fürchterliche Reaktion« Elses, die ihn verblüffte, hatte er doch geglaubt, die Befreiung ihrer Seele, auf die er mit ihr hingearbeitet hatte, sei gelungen und habe Besitzdenken, Eifersucht und Ablehnung verschwinden lassen.

Schon bevor sie von der Beziehung ihrer Schwester mit Gross erfahren hatte, war Else innerlich auf Distanz zu ihm gegangen. Trotzdem ertrug sie es nicht, dass Frieda seine Geliebte geworden war. Und diese verstand die Welt nicht mehr: Letztendlich war es doch Else gewesen, die ihr nahegelegt hatte, sich aus der konventionellen Ehe, die sie mit Ernest Weekley führte, zu befreien. Als Vorbild hatte Else ihr eigenes libertinäres Schwabinger Liebesleben demonstrativ präsentiert. Eine Gesprächskur mit ihrem Liebhaber Otto Gross hatte sie ihr nicht nur empfohlen, sie hatte sie regelrecht dazu gedrängt. Frieda hatte gehorcht und war nun Feuer und Flamme. Doch anstatt sie zu loben, beschimpfte Else ihre kleine Schwester heftig und bezeichnete sie als Verräterin.

Frieda war fassungslos. Ihrer Auffassung nach hatte sie nichts anderes getan, als den Maximen Elses zu folgen: theoretisch und praktisch. Sie war sich keiner Schuld bewusst und litt gerade deshalb besonders unter dem stark getrübten Verhältnis zu ihrer Schwester, die ihr früher so viel Verständnis entgegengebracht hatte. Else gab später zu, auf ein Rivalitätsverhältnis mit ihrer Schwester nicht vorbereitet gewesen zu sein. Wohl auch deshalb sei ihre Reaktion so heftig ausgefallen. Frieda drohte in eine existentielle Krise zu geraten. Sie hatte nicht nur Angst, die Liebe ihrer Schwester zu verlieren, sondern fürchtete, Ernest zu verletzen, wenn sie ihm ihre Affäre gestand. Trotz der Sehnsucht nach einem Leben, wie sie es in Schwabing kennengelernt hatte, zog sie zu diesem Zeitpunkt noch nicht in Erwägung, ihren Mann und ihre Familie zu verlassen. Die Kinder waren noch viel zu klein und brauchten ihre Mutter.

All das bezog Frieda mit ein in ihre Überlegung, wie ihr Leben weiter verlaufen sollte. Schließlich teilte sie Else ihren Entschluss mit, ihr Leben in Nottingham fortzusetzen. Sie wollte in Zukunft die beste Ehefrau und die beste Mutter sein. Von Anfang an hatte sie sich Otto Gross nicht vorbehaltlos ausgeliefert. Sie war klug genug gewesen, Schutzmechanismen zu entwickeln und nur die Aspekte seiner Persönlichkeit in Anspruch zu nehmen, die alltagstauglich waren und ihr nicht gefährlich werden konnten. Ihre eigene psychische Stabilität ging ihr über alles. Außerdem wusste sie, dass sie trotz ihrer Verliebtheit ohne ihn leben konnte.

Er aber brauchte sie mehr als sie ihn. Als er die Angst äußerte, sie könne ihre Lebendigkeit und ihren »Zukunftsmut« verlieren, wenn sie ihr »graues kaltes« Familienleben in Nottingham fortsetzen würde, war ihr klar, dass diese Angst ihm selbst galt und nicht ihr. »Ich habe Angst um Deine Kraft zum Widerstand, zum Ganzbleiben gerade wegen Deiner prachtvollen Art, gerade weil Du zur Freiheit und nur zur Freiheit geboren bist«, heißt es in einem seiner Briefe. Er fürchtete den Verlust der Eigenschaften, die er selbst brauchte, um sich am Leben zu halten, wie er ihr in einem weiteren Brief gestand: »Ich brauche Dich, damit mir etwas Bestimmtes von meiner Seele nicht verloren geht.«

Ganz anders in Ton und Inhalt sind die Briefe, die Otto Gross an Else schrieb. Während er Frieda stets als gleichberechtigte Geliebte ansprach, schwingen in seinen Zeilen an Else immer auch therapeutische Aspekte mit. Er sorgte sich um ihren Gemütszustand. Zeitweise war sie niedergeschlagen, verdrießlich und bedrückt, ihre eigenen hohen Ansprüche an sich selbst machten ihr zu schaffen. Davon wollte er sie erlösen.

Wie wichtig Gross' Briefe für Frieda waren, zeigt sich daran, dass sie von ihr sorgfältig aufbewahrt und schließlich Ernest Weekley übergeben wurden, als sie ihn verließ. Sie hoffte, ihrem Ehemann dadurch ihr Handeln verständlich machen zu können. Die Briefe zeigten Charakterzüge von ihr, die Ernest anscheinend verborgen geblieben waren. Er musste einsehen, dass sie es in Nottingham nicht aushalten konnte.

1912 hatte Frieda einen Schüler ihres Ehemannes kennengelernt, der für sie schicksalhaft werden sollte – und umgekehrt: D. H. Lawrence. War es die exzellente Überzeugungsarbeit, die Otto Gross geleistet hatte, die Frieda nun zu dem Schritt befähigte, den er ihr einige Jahre zuvor empfohlen hatte? Jedenfalls verließ sie ihre Familie, um ihr Leben mit einem Mann zu teilen, dessen Genie sie erkannt hatte und in dem sie den zukünftigen großen Schriftsteller sah, der er einmal werden würde. Die Anziehung war in diesem Fall so groß, dass Frieda bereit war, alles Vergangene hinter sich zu lassen, obwohl sie der Verlust der Kinder schmerzte – Ernest Weekley hatte nach der Scheidung durchgesetzt, dass sie von ihnen fernbleiben musste.

1914 heiratete Frieda D. H. Lawrence. Es folgte ein ruheloses Leben an verschiedenen Orten, zuletzt in Taos, New Mexico, USA. An seiner Seite wurde sie zu seiner berühmten Protagonistin Lady Chatterley aus seinem gleichnamigen Ehebruch- und Liebesroman (1928). Oder war Frieda die eigentliche Schöpferin dieser erotischen Ikone, weil sie Lawrence die vollkommene sexuelle Freiheit vorgelebt hatte, mit der dieser seine Romanfigur ausstattete?

Else entschied sich für ein Leben, in dem sie Erotik und Intellektualität verbinden konnte und kreierte nach dem Tod ihres Ehemannes Edgar Jaffé ein subtiles Beziehungsgeflecht zwischen Alfred Weber, Max Weber, seiner Ehefrau Marianne und sich selbst. Dabei übten sie sich in Diskretion und verschwiegen bis zu Max Webers Tod die Liebesbeziehung zwischen ihm und Else. Von Otto Gross hatte sie sich mit einem »sonnigen Brief« getrennt, in dem sie beteuert hatte, sie wisse ihre vergangene Beziehung und das, was sie einander immer noch seien, zu schätzen. Else starb 1973 in Heidelberg.

Über Nuschs Leben sind nur wenige Details bekannt. Nachdem ihre erste Ehe geschieden worden war, hatte sie 1900 Max von Schreibershofen geheiratet. Sie starb 1971 in München.

Nach Lawrences Tod im Jahr 1914 heiratete Frieda den zwölf Jahre jüngeren Angelo Ravagli. Durch die Tantiemen aus den Werken D. H. Lawrences war es ihr möglich, ein finanziell sorgenfreies Leben zu führen. Sie starb 1956 an ihrem 77. Geburtstag an einem Herzinfarkt und wurde in Taos neben der Kapelle, die sie für Lawrence hatte errichten lassen, beigesetzt. ❖

Lilja Brik und Elsa Triolet

❖ Die eine forderte »Schreib Verse für mich!«, die andere verlangte »Briefe nicht über Liebe«. Lilja Brik und Elsa Triolet – zwei Schwestern, wie sie unterschiedlicher kaum sein können, sowohl was ihr Äußeres als auch was ihr Verhältnis zu anderen Menschen und zur Liebe betrifft. Doch in einem waren sie sich gleich: in ihrer erotischen Anziehungskraft, die sie auf andere Menschen, vor allem auf Männer, ausübten. Diese Faszination ist nahezu beispiellos, teilweise trägt sie sogar Züge einer Besessenheit.

Einer dieser Besessenen war der Dichter Wladimir Majakowski. 1912 lernte ihn die junge Elsa kennen. »Ich war fünfzehn Jahre alt und hatte ziemliche Angst vor ihm«, erinnert sie sich. Die Angst wich einer gewissen Unbekümmertheit, die schließlich die Eltern beruhigte, so dass sie ihn wie ein Familienmitglied behandelten und sich daran gewöhnten, dass er täglich zu ihnen in die Wohnung kam, um ganz selbstverständlich mit ihnen zusammen zu essen und anschließend ungestört seine Arbeit zu verrichten. Er schrieb, zeichnete und deklamierte ab und zu unvermittelt einen Vers. Obwohl sich Elsa geschmeichelt fühlte, dass er ihr »den Hof machte«, zeigte sie sich von seinen Gedichten wenig beeindruckt. »Ich brachte für diese nach innen gerichtete Arbeit neben mir nur wenig Interesse auf, kaum dass ich mir darüber klar wurde, dass Majakowski ein Dichter war«, heißt es in ihrem Buch *Majakowski* (1957). Doch dieses Interesse und die damit verbundene Anerkennung, die ihm so wichtig war, sollte ihm Elsas ältere Schwester entgegenbringen. Die damals schon mit dem russisch-sowjetischen Schriftsteller Ossip Brik verheiratete Lilja erkundigte sich eines Tages, wer denn dieser Majakowski sei, von dem ihr die Mutter erzählt habe, und in welchem Verhältnis Elsa zu ihm stehe. Von diesem Moment an wurde Elsa in die Rolle der Zuschauerin gedrängt, die erleben musste, wie der Dichter, der gerade mit ersten Werken an die Öffentlichkeit getreten war, sein Interesse von ihr abzog und auf Lilja konzentrierte. Es war nichts Neues für Elsa, sie war daran gewöhnt, im Schatten ihrer Schwester zu stehen, die der erklärte Liebling ihrer Eltern war.

Lilja wurde am 11. November 1891, Elsa am 12. September 1896 in Moskau geboren. Ursprünglich hieß sie Ella – die kleine Modifikation nahm sie irgendwann selbst vor. Der Vater, Jurij Alexandrowitsch Kagan, war ein angesehener Rechtsanwalt, die Mutter, Helena Jurewna, Musiklehrerin. Sie zählten zur russischen Intelligenzija. Die Mutter sorgte dafür, dass ihre beiden Töchter mit Musik aufwuchsen. Zwei große Flügel standen in ihrer Wohnung; Pianisten und andere Musiker wurden zum gemeinsamen Musizieren eingeladen. Die jüdische Herkunft des Vaters – er war im Ghetto aufgewachsen – spielte bei der Erziehung der Kinder keine Rolle. Er verstand sich als Atheist, der wie die meisten Angehörigen der Bourgeoisie die christlich-orthodoxen Feste mitfeierte, aber keine Religion ernsthaft praktizierte. Das juristische Spezialgebiet des Vaters waren Verträge von Künstlerinnen und Künstlern. Dementsprechend früh kamen Lilja und Elsa selbstverständlich mit Literatur, Musik und bildender Kunst in Berührung. Reisen in die Kunstmetropolen Paris und Berlin taten ein Übriges. Zu Hause stand ihnen eine umfangreiche Bibliothek zur Verfügung. Elsa berichtete: »Ich liebte Gedichte. In dem Alter, in dem andere mit

Puppen zu Bett gehen, schleppte ich zwei dicke Bände mit mir: Lermontow und Puschkin.« Was ihr besonders gefiel: Beim Lesen entstanden Bilder, neue, die sich zu vertrauten entwickelten, so dass sie nicht müde wurde, die Bücher immer wieder zu lesen.

Mit 13 begann sie, Tagebuch zu führen. Die Erinnerungen, die sie ihm anvertraute, fanden teilweise Einlass in ihren ersten Roman *Fraise-des-Bois* (dt. *Walderdbeere*), der 1926 erschien. Walderdbeere war ihr Kosename. Vermutlich geht er zurück auf ihr rundes rosiges Gesicht. Mit ihren blauen Augen und blonden Zöpfen sah sie ihrer rothaarigen Schwester mit den braunen Augen überhaupt nicht ähnlich. Verglichen mit der schlanken anmutigen Lilja empfand sie sich als zu dick. Schon früh klagte sie über die Zurücksetzung, die sie überall erfahren habe. Dazu beigetragen hatte die offensichtliche Vorliebe der Mutter für Lilja. Sie vergötterte die Erstgeborene, ihre Lieblingstochter. Neben ihr verblasste die jüngere, auch wenn sie sich noch so viel Mühe gab, der Mutter zu gefallen. Die frühe Erfahrung dieses Mangels an Zuwendung war für Elsa ein Schlüsselerlebnis, das sie zeitlebens immer wieder erwähnt. Nicht nur in ihren Tagebüchern, auch in ihren späteren Veröffentlichungen wird die Einsicht, von niemanden geliebt zu werden, Leitmotiv sein. Daneben sind Heimweh, Sehnsucht nach dem Land der Kindheit, Unterwegssein, Fremdheit, Glückssuche ihre literarischen Themen.

Dem Ehepaar Kagan war die unruhige politische Lage ihres Landes bewusst – es konnte nur noch eine Frage der Zeit sein, bis sich die tiefe soziale Kluft, die das Zusammenleben des russischen Volkes belastete, in gewaltsamen Protesten entladen und explodieren würde. Die Kagans standen dem Zarentum kritisch gegenüber, aber die Politik wurde in ihrem Haus zugunsten der Kultur vernachlässigt. Diese ihren Töchtern nahezubringen, war eins ihrer Erziehungsziele – und es gelang. Lilja und Elsa erhielten eine sehr gute Schulbildung. Elsa entwickelte großen Ehrgeiz, wollte überall die Beste sein und war immer bereit, Neues dazuzulernen. Wie ihr Jugendfreund, der Linguist

Roman Jakobson, fühlte sie sich schon früh von der französischen Sprache und Literatur angezogen. Damals konnte sie noch nicht ahnen, dass sie einmal als erste Frau mit dem Prix Goncourt ausgezeichnet werden würde. Sie sollte den renommierten Preis 1944 für ihre Résistance-Erzählungen erhalten.

Im Gegensatz zu ihrer kleinen Schwester hatte Lilja wenig Ehrgeiz. Das, was ihr von selbst mühelos zufiel, reichte ihr. Sie verspürte schnell Langeweile, zum Beispiel beim Tanzunterricht, den sie unbedingt besuchen wollte, aber nach kurzer Zeit schon wieder aufgab. So ging es ihr mit vielen Dingen, die sie anfing, aber nicht fortsetzte, und dieser Haltung war sie sich durchaus bewusst. Ihre eigenen künstlerischen Fähigkeiten beurteilte sie kritisch. Sie hatten für sie keine Priorität. Immer wenn sie mit einer Arbeit begonnen habe, sei etwas dazwischengekommen, eine Reise oder eine Romanze – jedenfalls eine Ablenkung, die ihr interessanter erschienen sei, erklärte sie später mit einer unübersehbaren Mischung aus Ironie und Koketterie. Als Herausgeberin, Übersetzerin, Essayistin, Drehbuchautorin stellte sie ihre literarische Kompetenz allerdings permanent unter Beweis. Zwei besondere Talente wurden ihr attestiert: Sie spürte bei unbekannten Personen, die am Anfang ihrer künstlerischen Laufbahn standen, das Potential, das ihnen und ihren Arbeiten innewohnte. Sie wusste, wer förderungswürdig war. Sie wusste, wer einmal berühmt werden würde. »Lilja hat immer recht«, stellte Majakowski fest und lobte ihre prophetischen Fähigkeiten. Liljas zweites Talent bestand in der Kunst zu leben. So verwandelte sie ihre unmittelbare Umgebung mit einfachsten Mitteln in einen künstlerischen Raum, in dem man sich wohlfühlte. Gegenstände, die scheinbar nicht zusammenpassten, arrangierte sie so, dass sie eine selbstverständliche Liaison miteinander eingingen. Genauso verfuhr sie mit ihrer Kleidung, ihrem Schmuck und ihrem Make-up. Sie wurde in ihren Kreisen zur Trendsetterin.

Lilja war es von jeher gewöhnt, im Mittelpunkt zu stehen. Mehr noch, sie galt als anbetungswürdig, zog Menschen jeden Alters in ihren

Bann, allen voran die eigene Familie. Schon mit zwölf hatte sie die ersten Verehrer, mit 14 verliebte sie sich in den vier Jahre älteren Ossip Brik, den sie 1912, als sie 20 war, heiratete. Doch auch Elsa hatte früh männliche Verehrer. Roman Jakobson resümierte: »Wenn auch mit Unterbrechungen, war Elsa meine dauerhafteste Liebe«; und den Schriftsteller Viktor Schklowski, der sich heftig in sie verliebte, hielt sie auf Distanz und gestattete ihm, ausschließlich Briefe zu schreiben, die nicht von Liebe handeln durften. Auf diese Weise entstand das Buch, das sein größter literarischer Erfolg wurde: *Zoo. Briefe nicht über Liebe, oder Die Dritte Heloise* (1923). Doch das sind nur zwei Beispiele, die Liste ihrer Verehrer ist lang. Elsas Gefühl, ungeliebt zu sein, entsprach also nicht den realen Verhältnissen, auch wenn es prägend blieb, verbunden mit der Angst, selbst nicht zur Liebe fähig zu sein.

Elsa bewunderte ihre große Schwester, deren Augen mit einem »beinahe aufdringlich erscheinenden Übermaß von Ausdruck« funkelten. In ihren *Cahiers enterrés sous un pecher* (1943) ist die Protagonistin Odette ein Abbild Liljas, deren Schönheit sie als vollkommen empfindet. »Es gab nichts an ihr, was sie hätte verstecken müssen, sie hätte unbekleidet spazieren gehen können, jeder kleine Winkel ihres Körpers war entzückend.« Die Ich-Erzählerin erklärt, dass sie dadurch gelernt habe, sich jedes Gefühl der Eifersucht zu versagen, mehr noch: es in Bewunderung zu verwandeln – als eine Art Selbsterhaltungstrieb. Sie empfand es als Glück, während ihrer gesamten Kindheit »die lebendige Schönheit vor Augen zu haben«.

Mit großer Begeisterung schildert Elsa ihrer Schwester in einem Brief vom Oktober 1962, wie ein Freund in Paris zu ihr gekommen sei und ihr aufgeregt mitgeteilt habe, auf der Pont des Arts sei Liljas Porträt zu sehen. Elsa und ihr späterer Ehemann Louis Aragon fuhren sofort zu der Brücke bei der Akademie, auf der sich Straßenmaler tummelten. Drei junge Männer standen zusammen und blickten auf den Boden. Vor ihren Füßen befand sich das vergrößerte Cover von Majakowskis Gedichtzyklus *Darüber*, das ein Porträt von Lilja zeigte.

Rundherum waren einige seiner Gedichte in russischer und französischer Sprache platziert. »Lilja – kräftig schwarz-weiß, nur die Gedichte schon etwas verwaschen, in der Nacht war ein schweres Gewitter«, bilanzierte Elsa.

Die beiden Schwestern waren eifrige Briefschreiberinnen. Sie tauschten sich über ihr jeweiliges Leben in Russland und Frankreich, die aktuellen Ereignisse und die Arbeit aus. Literarisch-Philosophisches steht neben Alltäglich-Banalem. So kündigte Lilja am Neujahrstag 1936 in ihrem Brief aus Leningrad der Schwester den Besuch eines ›Genossen‹ in Paris an und bat sie, ihm einige Dinge für sie mitzugeben. Die Auftragsliste ist ebenso lang wie anspruchsvoll: Zuallererst das Kleid, das sie vor kurzem von Elsa bekommen habe und am liebsten Tag und Nacht tragen würde, zudem zwei lange Cocktailkleider »das eine schwarz, das andere wie Du denkst« (bei der Besorgung vertraute sie auf den guten Geschmack der Schwester), dazu passende Schuhe (»Der Kleiderstoff möglichst interessant, die Schuhe auch«), außerdem »4 Schachteln von meinem Puder (hautfarben), 3 Lippenstifte (Ritz – Deine Farbe), Wangenrouge ›Institut de beauté‹«. Lilja wusste, dass ihre Liste umfangreich und das Geld knapp war: »Versuche irgendwie hinzukommen. Wenn Du keine Lust hast, Deine Zeit damit zu vertrödeln, kannst Du's auch lassen, nicht so schlimm.« Gerade weil sie ihre Wünsche so spielerisch-lässig formulierte, konnte man ihr nicht widerstehen.

Den Geldmangel, von dem Lilja in ihrem Brief spricht, kannte auch Elsa nur allzu gut. Er inspirierte sie dazu, Schmuck zu entwerfen, herzustellen und zu verkaufen. Sie fertigte Colliers aus Muscheln, Perlmutt, Metall und Gebrauchsgegenständen an. Im Vordergrund stand nicht, wie üblicherweise, der Materialwert, sondern einzig der künstlerisch-ästhetische. Doch der Anfang war nicht leicht. Für ihr erstes Modell musste sie »ungefähr zehn verschiedene Geschäfte; Handwerker und Lieferanten« finden, bei denen sie die einzelnen Bestandteile erwerben konnte. Da jedes Schmuckstück ein Unikat war, brauchte sie nur geringe Mengen an bestimmten Schnüren, Metallringen und Drähten. Diese wollte man ihr nicht verkaufen, doch schließlich konnte sie die Angestellten überzeugen, ihr das Gewünschte als Muster zu überlassen, so dass sie mit der Arbeit beginnen konnte. Es funktionierte: Ein Redakteur der Zeitschrift *Vogue* empfahl sie den berühmten Modehäusern Chanel, Lanvin, Schiaparelli. Der Fotograf Man Ray machte hinreißende Fotos. Die Haute Couture feierte die begabte Designerin, deren Kollektion 2022 erstmalig in Deutschland ausgestellt wurde. Die kunsthandwerkliche Arbeit bildete eine Zeitlang ein Pendant zu Elsas literarischer und wurde von ihr mit derselben Leidenschaft betrieben. Anfang 1938 berichtete sie Lilja in einem Brief, sie habe »so ganz nebenbei« für den Couturier Lucien Lelong ein Handtäschchen angefertigt: »Das Täschchen ist lustig – durchsichtig wie aus Glas (für den Abend), so dass der ganze Inhalt zu sehen ist, der natürlich schön sein muss! Puderdose, Geld und Liebesbriefe.«

An Liebesbriefen mangelte es Lilja nicht. Sowohl mit Majakowski als auch mit Ossip Brik korrespondierte sie eifrig. In Interviews behauptete sie rückblickend stets, sie sei viermal verheiratet gewesen: Die Eheschließung mit Ossip Brik hatte 1912 stattgefunden, da war sie 20 Jahre alt gewesen. Nach der Scheidung von Brik hatte sie 1930 Vitali Primakow geheiratet, einen General der Roten Armee, der 1937 hingerichtet wurde. Im selben Jahr erschoss sich Majakowski, mit dem Lilja allerdings nie offiziell verheiratet war, den sie aber ebenfalls zu ihren Ehemännern zählte. Ihr letzter Ehemann, mit dem sie sich 1938 vermählte, war der Schriftsteller und Literaturkritiker Wassili Katanjan. Bis an sein Lebensende – er starb 1945 – lebte Ossip Brik als dritter Bewohner ständig mit in Liljas jeweiliger Wohnung.

Den ersten Dreierbund ging Lilja mit Ossip Brik und Majakowski ein. Es wurde zu ihrer normalen Lebensform, die sie jedoch anders gestaltete, als kolportiert wurde. In Liljas Tagebuch heißt es, es habe seit ihrer Begegnung mit Majakowski zwischen Ossip Brik und ihr keine »intimen Beziehungen« mehr gegeben. Bezeichnungen wie ›Dreiecksverhältnis‹ und ›Liebe zu dritt‹ lehnte sie ab, da sie nicht einmal annähernd der Wahrheit entsprächen: »Ossja habe ich geliebt, liebe ich und werde ich lieben – mehr als einen Bruder, mehr als einen Ehemann, mehr als einen Sohn.« Von solcher Liebe habe sie noch nirgends gelesen, und diese Liebe sei ihrer Liebe zu Wolodja, wie sie Wladimir Majakowski nannte, nicht hinderlich gewesen: »Ich musste Wolodja einfach lieben, weil Ossja ihn so liebte.«

Nachdem Ossip Brik 1945 an einem Herzinfarkt gestorben war, sagte sie ihrem Stiefsohn Wassili Katanjan: »Als Wolodja sich erschoss, starb Wolodja, als Primakow erschossen wurde, starb er. Aber als Ossja starb, da bin ich gestorben.«

Um Majakowski, der sich am 14. April 1930 in Moskau erschossen hatte, trauerte sie gemeinsam mit Ossip Brik. An Elsa schrieb sie in einem undatierten Brief, sie wisse genau, wie das Unglück passiert sei. Doch um Majakowski zu verstehen, müsse man ihn so gut gekannt haben wie sie. Sie sei sich sicher: »Wären ich oder Ossja in Moskau gewesen, so würde Wolodja noch leben.« Wie ein Spieler habe er sich erschossen, nur eine Kugel im Lauf gelassen, so dass »das Schicksal« entscheiden sollte. Schon einmal hatte Lilja eine ähnliche Situation mit ihm zusammen durchgestanden, doch diesmal hatte sie ihm nicht helfen können und das Schicksal hatte gegen ihn entschieden.

Elsa hatte zwei Ehemänner. Nachdem sie ein Architekturstudium absolviert hatte, heiratete sie 1919 in Paris den französischen Offizier André Triolet und ging mit ihm nach Tahiti, wo sie sich jedoch bald fehl am Platz fühlte. 1921 kehrte sie zurück nach Europa mit der Erkenntnis, dass Mann und Frau mehr verbinden müsse als die Liebe. »Mir scheint, dass es gut wäre, einen Mann zu heiraten, mit dem irgendeine gemeinsame Arbeit möglich wäre«, notierte sie im Manuskript zu *Fraise-des-Bois*. Vermutlich hatte sie die damals literarisch überaus produktive Verbindung ihrer Schwester mit Brik und Majakowski vor Augen.

Zurück aus Tahiti, war London, wo sie in einem Konstruktionsbüro arbeitete, die erste Station. Anschließend zog sie nach Berlin und verkehrte in der großen russischen Künstlerkolonie, die sich dort etabliert hatte. Viktor Schklowski bemühte sich um sie, befolgte ihr Diktum »Briefe nicht über Liebe« und nahm einige ihrer exquisiten Briefe in sein Buch *Zoo oder Briefe nicht über die Liebe* auf. Maxim Gorki erkannte darin sofort ihr großes schriftstellerisches Potential und ermutigte sie zum Schreiben. In der zweiten Hälfte der 1920er Jahre, in der sie zwischen Paris, London, Berlin und Moskau hin- und herpendelte, erschienen ihre ersten drei Romane.

1928 lernte sie in Paris Louis Aragon kennen – eine schicksalhafte Begegnung für beide, die zu einer 42 Jahre dauernden Lebensgemeinschaft führte. Der zum Kreis der Surrealisten um den französischen Schriftsteller André Breton gehörende Aragon, den sie »Aragoscha« nannte, betete sie in seinen poetischen Texten an. Ein Gedicht schildert, wie er als »streunender Schatten« sein »Ich nächtig und taub verfehlte«, bis er sie, Elsa, in der Bar La Coupole sah. »Du erst, Licht meines Lebens, hast mich erhellt, bis ich erblickte die Farbe des Tages.«

Elsa hatte den Mann gefunden, mit dem sie mehr verband als die Liebe und mit dem eine gemeinsame Arbeit möglich war. »Immer zu zweit, immer Glück. Mit oder ohne Geld, gesund oder krank, das beständige Glück. Er liebt mich, was will ich mehr? Keine Fremden, weder Männer noch Frauen«, jubelte die Frau, die sich jahrelang ungeliebt gefühlt hatte. Sie heirateten 1939. Zwischen 1964 und 1974 erschienen ihre Bücher in einer gemeinsamen 42-bändigen Werkausgabe.

In ihrem Buch *Leben mit Picasso* (engl. *Life with Picasso*, 1964) berichtet die Malerin Françoise Gilot, die mehr als ein Jahrzehnt mit Pablo Picasso zusammenlebte, dass dieser fasziniert gewesen sei von der beständigen Liebe zwischen seinem Freund Aragon und Elsa. Gleichzeitig sei sie ihm ein Rätsel gewesen, vor allem was Aragons Gefühle betraf. Daher habe er ihn gefragt: »Wie können Sie immer dieselbe Frau lieben?«, schließlich verändere sie sich doch im Alter. »Das ist es ja gerade«, habe Aragon geantwortet. »Ich liebe alle diese kleinen Veränderungen. Sie erquicken mich. Ich liebe auch den Herbst einer Frau.« Für Elsa hingegen war das Altern mit inneren Konflikten verbunden, angefangen beim kritischen Blick in den Spiegel, der den Verlust der Jugend offensichtlich werden ließ. Sie war davon überzeugt, dass der eigene Körper das Begehren entstehen lasse. Wenn sie diesen nicht mehr als »Geschenk für irgendjemanden« betrachten könne, verliere die Sexualität zwangsläufig an Bedeutung. Ein Thema, mit dem sie sich unter anderem in *Mille regrets* (1942) literarisch auseinandergesetzt hat. Ihre Konsequenz bestand in einem Rollenwechsel, den sie im Alter von 50 Jahren vornahm: Sie erfand sich neu als ältere Dame, die sich elegant kleidete und erlesenen Schmuck trug. Aragon blieb an ihrer Seite.

Elsa Triolet starb am 16. Juni 1970, zwölf Jahre vor ihrem Mann, an einem Herzleiden. Die beiden sind im Park ihres Hauses in Saint-Arnoult-en-Yvelines begraben. Lilja Brik überlebte ihre Schwester um acht Jahre. An einer unheilbaren Krankheit leidend, beging sie am 4. August 1978 Selbstmord. Ihre Asche wurde von ihren Freundinnen und Freunden in der Nähe von Moskau verstreut – wie sie es gewünscht hatte.

Am 3. Mai 1948 hatte Elsa ihrer Schwester erklärt: »Für mich ist ein Buch wie ein Mensch; ich stelle mir vor, Du würdest durch eine andere Lilja ausgetauscht, eine neue, von der es heißt: hundertmal besser! Ich will aber nun mal keine bessere, ich liebe diese.«

Ein Jahr später hatte Lilja, von der Majakowski gesagt hatte, sie habe immer recht, der Literatur ihrer Schwester in einem Brief das wohl schönste Lob erteilt: »Ich weiß keinen Schriftsteller, der mit solch absoluter Genauigkeit, bis in die feinsten Nuancen menschliche Gefühle, Wahrnehmungen und Gedanken beschrieben hätte.« Ob es sich um die Darstellung einer Landschaft oder des Labyrinths der Straßen einer Stadt handelte, man würde als Lesende zur Sehenden. Mehr noch, man spürte den Duft des Frühlings in ihren Schilderungen. Besonders fasziniert sei sie jedoch von den Menschendarstellungen. Sie sei sich sicher, sie würde die von Elsa beschriebenen Personen wiedererkennen, wenn sie ihr auf der Straße begegnen sollten, und es würde unweigerlich eine Unterhaltung stattfinden, wie sie »Lebende mit einem Lebenden« führen: »[B]ei Dir bin ich mitten im Schmerz jedes Deiner Helden gewesen.« Aragons Bücher würden ewig als klassische »Werke der Kunst« bestehen bleiben. »Deine – durch ihren Zauber.« ❖

Liesl Karlstadt und Amalie Wellano

❖ Liesl Karlstadt hat einmal gesagt, sie habe schon sehr früh die Relativität menschlicher Glücksgefühle kennengelernt und eine Sensibilität für die kleinen Dinge entwickelt: für ein gutes Essen, einen liebevollen Blick, ein Sich-Kümmern. Doch waren diese Momente immer verbunden mit der Angst, dass sie vorbeigehen könnten. Schon früh schilderte sie diese Angst in ihren Aufsatzheften, die sie sorgfältig aufbewahrte. Kein Ereignis konnte so beglückend sein, dass die Schülerin nicht die negative Kehrseite mitdachte und ausmalte. Und das sollte auch als gefeierte Kabarettistin nicht anders sein. In *Einige Aufzeichnungen über meine geliebte Liesl* (1980) schreibt Amalie Wellano über ihre große Schwester:

Als echtes Münchner Kindl wuchs sie in Schwabing auf. Ihr Spielplatz war die Neureuther Wiese und in die Amalienschule ging sie. Wie liebte sie die Schulzeit, die Kleine war eine Musterschülerin, sie lernte so gut und brachte lauter Einser heim. Eigentlich wollte sie ja Lehrerin werden, aber es kam anders. Als sie die

Schulzeit beendet hatte, ging sie nochmals zu ihrer so geliebten
Lehrerin und fragte, ob sie nicht nochmals in die Schule gehen
könnte. Es war natürlich nicht möglich.

Liesl musste einsehen, dass es für ein Mädchen aus der Unterschicht damals unmöglich war, Lehrerin zu werden, so begabt und fleißig sie auch sein mochte.

Liesl Karlstadt wurde am 12. Dezember 1892 in der Zieblandstraße in München-Schwabing als Elisabeth Wellano geboren. Sie kam als fünftes von neun Kindern zur Welt. Ihr italienischstämmiger Vater war 25 Jahre lang als Brotschießer in der Dombäckerei Ringler am Münchner Frauenplatz tätig. Obwohl er hart arbeitete, lebte die Familie in großer Armut. Es gab so gut wie keine Perspektive, dass es ihnen jemals besser gehen würde. Sie wohnten in einer einzigen Stube, die gleichzeitig Küche, Wohn-, Schlaf- und Kinderzimmer war. Neben der häuslichen Enge hatte Liesl nach eigenen Angaben auch unter Diskriminierung zu leiden: »Wellano – Italiano – lebst aa no?« riefen ihre Mitschülerinnen und Mitschüler hinter ihr her und verspotteten ihren klangvollen Namen mit einem harmlosen Kinderreim, der jedoch angesichts der Tatsache, dass vier ihrer Geschwister gestorben waren, für Liesl Karlstadt eine tiefere Bedeutung hatte.

Am 12. Dezember 1902, an Liesls zehntem Geburtstag, wurde ihre Schwester Amalie, genannt Alli, geboren. Zeitlebens sollte sie eng mit ihr verbunden bleiben. Als Liesl 16 und Amalie sechs Jahre alt waren, starb ihre Mutter. Für Liesl war klar, dass sie deren Rolle einnehmen musste. Wie verantwortungs- und vor allem liebevoll sie das tat, berichtete Amalie:

Meine so von Herzen geliebte Schwester erzog mich nun und
nie werde ich vergessen, wie schön Weihnachten immer war. Was
wird heute alles gekauft und wie unzufrieden sind an diesen
Tagen oft die verwöhnten Kinder. Liesl holte mich in der vor-

weihnachtlichen Zeit von der Schule ab und wir gingen auf eine
Stunde in den Englischen Garten. Dort bei unserem Spaziergang
erzählte sie mir die schönsten Weihnachtsgeschichten, dann lenk-
te sie mich ab, nahm aus der Tasche eine vergoldete Nuss oder
einen Tannenzapfen, warf ihn in den Schnee und sagte zu
mir: Schau, da hat das Christkind etwas verloren. Immer wieder
glaubte ich daran und wie glücklich war ich darüber.

Amalies Fazit: Liesl sei ihre eigentliche Mutter gewesen.

Wann bei Liesl der Entschluss reifte, zur Bühne zu gehen, lässt sich nicht genau rekonstruieren. Nach der Schulzeit arbeitete sie als Verkäuferin im Kaufhaus Hermann Tietz, Abteilung Kurzwaren und Posamenten. Am Sonntag ging sie gern zum Tanzen; fürs Theater war kein Geld da. Doch eines Tages nahm sie ihr älterer Bruder mit in den Bamberger Hof, ein beliebtes Volkssängerlokal. Es gefiel ihr sehr. »Ich weiß nicht mehr recht, wie es kam, aber der Herr Direktor ›engaschier-te‹ mich, vielleicht meiner Begeisterung wegen, vom Fleck weg als ›Anfängerin‹!«, berichtete sie später.

Sie trat gegen den Willen ihres Vaters auf, behielt jedoch vorsorg-lich ihre Stelle bei Tietz. Es war anstrengend: Eine halbe Stunde nach Ladenschluss musste sie schon auf der Bühne stehen – als Jodlerin, Chorsängerin oder Soubrette. Diese Doppelbelastung war auf die Dau-er nicht durchzuhalten, so dass sie zum Bedauern ihres Chefs bei Tietz kündigte und sich auf ihre Bühnenkarriere konzentrierte.

Das Brettl-Leben war jedoch nicht nur sonnig und vergnüglich. Engagements dauerten nur eine gewisse Zeit, wurden verlängert oder auch nicht. Immer wieder musste sie sich nach neuen Auftritts-möglichkeiten umsehen.

Kurz nach dem Ersten Weltkrieg lernte sie den Künstler kennen, der für ihr Leben und ihre künstlerische Arbeit entscheidend werden sollte: Karl Valentin. Beide waren am Frankfurter Hof engagiert, einem der besten Münchner Volkssängerlokale: Valentin als bewunderter Solist; sie als jugendliche Soubrette, die gerade am Anfang ihrer Laufbahn stand. Eines Abends nach der Vorstellung kommentierte er ihre Darbietung: Sie sei als Soubrette viel zu mager, habe vor allem einen zu kleinen Busen. Außerdem sei sie zu brav und zu schüchtern für das erotisch-komische Rollenfach einer Soubrette – kess müsse sie sein. »Meine Verehrung für Karl Valentin schlug daraufhin in Hass um«, so Liesl. Doch er übte nicht nur Kritik, sondern lobte auch ihr komödiantisches Talent und empfahl ihr, diesen Weg einzuschlagen. Mehr noch, er verfasste eine Parodie auf eine Soubrette für sie und sorgte darüber hinaus dafür, dass sie ihren klangvollen Namen Elisabeth Wellano ablegte und sich Liesl Karlstadt nannte – in Anlehnung an den von Karl Valentin sehr geschätzten Gesangshumoristen Karl Maxstadt. Die Komikerin Karlstadt war geboren. Und so begann die jahrzehntelange Zusammenarbeit, Freundschaft und zeitweilige Liebesbeziehung zwischen Liesl Karlstadt und Karl Valentin.

Sie nahmen ihren Dialog sofort auf, nachdem sie sich getroffen hatten: zwei Magnete, die sich anzogen, abstießen und daraus ihre Stücke entwickelten. Gemeinsam schufen sie die Szenen in der Improvisation und begeisterten nicht nur das Münchner Publikum, sondern feierten auch in Berlin, Zürich und Wien große Bühnenerfolge. Liesl Karlstadt faszinierte das Publikum mit ihren Hosenrollen: Vom halbwüchsigen Firmling bis zum älteren Dirigenten reichte das Spektrum, mit dem sie ihrem Partner gegenübertrat, der immer sich selbst spielte. Man kann ihre Sketche als niemals endendes philosophisch-komödiantisches Fortsetzungsgespräch über die Welt auffassen. Einer ihrer wichtigsten Sätze lautete: »Dann ham Sie eben eine andere Weltanschauung.«

Als der zehn Jahre ältere Karl Valentin Liesl Karlstadt traf, war er bereits verheiratet und hatte zwei Töchter. Von Anfang an vollzog er eine klare Trennung der Zuständigkeiten: Die Ehefrau sorgte sich um ihn zu Hause; Liesl Karlstadt kümmerte sich auf der Bühne um seine

Bequemlichkeiten. So hatte sich der Künstler einen doppelten Rückhalt geschaffen, der ihm genügend Sicherheit bot, künstlerische Wagnisse und kreative Abenteuer einzugehen. Die Privilegien galten allerdings nur für ihn. Als Familienvater mit immer wieder neuen Affären wachte er eifersüchtig über seine Partnerin und Geliebte Liesl, verbot ihr das Tanzen mit anderen Männern und ließ sie zeitweise sogar von einem Detektiv überwachen.

Liesl war sehr sportlich, liebte es zu schwimmen und vor allem auf Berge zu klettern – meistens mit ihrer Schwester Amalie. Valentin scheute jede sportliche Betätigung und fürchtete auch das Reisen. Wenn Liesl und Amalie unterwegs waren, steigerte er sich in Angstzustände und pflanzte Liesl Schuldgefühle ein. Als die beiden Frauen einmal zwei Wochen am Gardasee verbrachten, schrieb er einen Brief, den er an »Liesl Karlstadt Comikerin a. D.« adressierte.

Amalie versuchte vergeblich, Liesl vom Einfluss ihres besitzergreifenden egoistischen Partners zu befreien. Sie stand Valentin kritisch gegenüber und gab ihm die Schuld an Liesls psychischem Zusammenbruch, der 1935 erfolgte: Am Vormittag des 6. April wurde an der Münchner Prinzregentenbrücke eine Frau aus der Isar gezogen, die sich ertränken wollte. In der Polizeichronik der »Selbstmordversuche 1935« wird er als Nr. 83 aufgeführt: »Frau Karlstadt, Liesl, geb. 12. 12. 92 in München, Familienstand: ledig, Wohnung: Maximilianstr. 29.«

Die Krankenakte in der Psychiatrischen Klinik in der Münchner Nussbaumstraße verrät, dass die Patientin am 6. April 1935 um 9:50 Uhr aufgenommen wurde. Ihre Kleider waren nass und voller Sand. Sie zitterte vor Kälte und weinte vor sich hin. Gründe für ihre Tat konnte sie nicht nennen, aber sie sprach von schweren Seelenkämpfen, die sie schon seit Monaten belasteten.

Als Liesl am Morgen die gemeinsame Wohnung in der Maximilianstraße verlassen hatte, war ihre Schwester in der Annahme gewesen, sie begebe sich zum Arzt, wie sie es am Vorabend nach dem gemeinsamen Bühnenauftritt auch Karl Valentin angekündigt hatte. Amalie ging wie jeden Tag ins Café Luitpold, wo sie als Bedienung arbeitete. Doch noch am selben Tag wurde sie in der Klinik zum Selbstmordversuch ihrer Schwester befragt. Sie berichtete, Liesl sei früher nie ernstlich krank gewesen. Nur sei ihr der außerordentliche Ehrgeiz der großen Schwester aufgefallen, der schon in der Schule zu hervorragenden Zensuren geführt habe. In ihrer Stimmung sei ihre Schwester fast immer »über dem Strich« gewesen: manchmal ausgesprochen gesellig, lebhaft, lustig, zu Streichen und Schabernack aufgelegt, doch dann wieder depressiv, ruhelos, wegen jeder Kleinigkeit stark verstimmt. Allerdings hätten diese Phasen nicht lange gedauert. Auffallend verändert sei sie erst seit ungefähr einem halben Jahr gewesen. Sie sei oft sehr traurig gewesen, habe sich zu keiner Arbeit aufraffen können, weil ihr alles schwergefallen sei – sogar das, was ihr immer große Freude bereitet hatte: das sonntägliche Skifahren und die Bergwanderungen. Ihre Post habe sie lange unerledigt liegen lassen. Besonders schlimm sei es morgens gewesen, wenn sie meist weinend aufgestanden und dann untätig herumgelaufen sei. Erst gegen Abend sei es ihr besser gegangen und sie habe die Vorstellung jedes Mal tadellos absolviert.

Liesl Karlstadts Arzt, Leonhard Seif, Nervenarzt und Individualpsychologe der Adler-Schule, wurde ebenfalls befragt. Er gab an, die Patientin schon lange zu kennen, aber nur selten behandelt zu haben. Zunächst machte er Aussagen über ihre Kindheit. Liesl Karlstadt sei als der »Liebling der Mutter, einer schwachen Frau« sehr verwöhnt worden. Sie habe bis zu ihrem zehnten Lebensjahr bei der Mutter im Bett geschlafen. Dann sei ein weiteres Töchterchen geboren worden, Amalie. Liesl sei mit der neuen Situation nicht gut fertig geworden, habe nachts um sich geschlagen und damit das andere Kind gefährdet, so dass sie selbst nach drei Tagen nicht mehr im Bett der Mutter mitschlafen konnte. Das sei das furchtbarste Erlebnis ihres Lebens gewesen, wie sie ihm selbst gesagt habe. Daraus resultierte auch der Selbsthass, unter dem sie zeit ihres Lebens gelitten habe. Sie sei unglücklich darüber gewesen, dass sie klein, hässlich und ein Mädchen war. Glücklich sei sie immer dann gewesen, wenn sie Hosen tragen durfte. Deshalb habe sie auch besonders gern Hosenrollen gespielt. Homosexuell sei sie jedoch nicht gewesen. In den Protokollen über ihren Krankheitsverlauf, die in der Psychiatrischen Klinik in der Münchner Nussbaumstraße täglich geführt wurden, tauchen immer wieder Bemerkungen auf wie »erscheint in Maske und Anzug eines Buben« oder »im Matrosenanzug«, »läuft mit einer Shag-Pfeife herum«, »möchte sich als Mann fühlen.«

Als sie zum ersten Mal das Klinikgelände verlassen durfte, wurde sie auf dem Spaziergang von ihrer Schwester begleitet. Amalie half ihr, ihre Unsicherheit und Angst vor Fragen zu ihrem Selbstmordversuch zu überwinden. Sie stand ihr fest zur Seite. Nach der Entlassung aus der Psychiatrie nahm sich Amalie einige Tage frei und fuhr mit Liesl in die geliebten Berge. Auch in den folgenden Jahren unterzog sich Liesl Karlstadt stationären Behandlungen in der Psychiatrischen Klinik und wurde jedes Mal, wenn die Therapie beendet war, selbstverständlich von Amalie abgeholt. Ein Rollenwechsel hatte sich vollzogen: Nachdem Liesl jahrelang mütterlich-fürsorglich für ihre kleine Schwester gesorgt hatte, fühlte sich nun Amalie für ihre große Schwester verantwortlich. Sie erkannte, wie verlassen und schutzlos sie sich vorkam und dass sie Unterstützung benötigte. Amalie tat, was sie konnte – manchmal jedoch zu viel.

Liesl Karlstadts Gefühl der Verlassenheit war nicht irreal oder pathologisch, sondern sehr real. Ein wesentlicher Teil ihrer Persönlichkeit war nicht nur verlassen, sondern überhaupt niemals angenommen worden. Man hatte ihn einfach übersehen, nicht wahrgenommen, im wörtlichen Sinne: nicht ›für wahr genommen‹!

Was tun, wenn alle nur das Lachen, aber niemals die Traurigkeit sehen wollen? Mit seiner frühen Bemerkung, sie sei als Soubrette ungeeignet, aber wie geschaffen zur Komikerin, hatte Karl Valentin so etwas wie ein lebenslanges Urteil über sie ausgesprochen. Ein Urteil, das lautete: »lebenslänglich komisch«. Die eine Rolle, die man ihr damit zugewiesen hatte, vervielfältigte sich und wurde zu vielen Rollen. Liesl Karlstadt war so etwas wie eine multiple Bühnenpersönlichkeit. So breit ihr Rollenspektrum auch war, eins hatten alle Charaktere, die sie verkörperte, gemeinsam: Sie waren komisch. Die Komik trat auf in Variationen, Verkleidungen und Modifikationen.

Doch es waren nicht nur psychische Probleme, mit denen Liesl zu kämpfen hatte, sondern auch physische: Bei einem Gastspiel in Augsburg erkrankte sie an einer Angina, aus der heraus eine lebensgefährliche Sepsis entstand, die sie lange ans Krankenhausbett fesselte: insgesamt 17 Monate. Zeitweise schien es, als würde sie ihr Bein verlieren, nur eine Operation des Münchner Chirurgen Dr. Magnus konnte es retten. Danach folgte eine lange Genesungs- und Erholungsphase in Pfronten-Ried. Amalie nahm wieder Urlaub, um bei ihrer Schwester zu sein. Diese war ihr dafür sehr dankbar, wie auch aus den Briefen an ihre Freundin Norma Lorenzer hervorgeht:

2. 11. 1939
Meine Schwester darf Gott sei Dank noch eine Weile bei mir bleiben, muss sie aber heim – dann fahr ich mit, denn alleine täts mir nicht mehr so gefallen.

14. 12. 1939
Und immer noch bin ich in Pfronten – aber nach den Feiertagen will ich die Reise nach München wagen. Meine Alli darf noch so lange hierbleiben u. ich bin so froh darüber.

Doch das Verhältnis der beiden Schwestern war ambivalent. Liesls inniges Verhältnis zur Mutter war gestört worden durch die Geburt der kleinen Schwester, die ihren Platz eingenommen und im Bett der Mutter geschlafen hatte. Sie selbst war über Nacht daraus verstoßen worden und hatte diese Zurücksetzung ihrem Arzt gegenüber als das furchtbarste Erlebnis ihres Lebens bezeichnet. Daraus leitete

Dr. Seif ihre permanenten Minderwertigkeitsgefühle und ihren Selbsthass ab. Auch wenn man die Wertung des Arztes, der ein Vertreter der Individualpsychologie war, vielleicht ein wenig relativieren sollte, bleibt die plötzliche Verdrängung durch die jüngere Schwester ein Trauma. Die Mutter hatte sich abrupt von ihr abgewandt, dem jüngeren neuen Schwesterchen alle Liebe und Aufmerksamkeit geschenkt. Liesl war Hals über Kopf allein gelassen geworden. Natürlich hatte es einleuchtende Erklärungen gegeben, aber diese hatten nicht die elementare Erfahrung abzumildern vermocht, dass ein sicher geglaubtes Glück zerstört worden war. Ohne jede Vorbereitung oder Vorwarnung.

Die Gefühle, die sie der Kleinen daraufhin entgegengebracht hatte, werden nicht immer freundlich gewesen sein. Wie schön war doch das Leben gewesen, als die Schwester noch nicht auf der Welt gewesen war und man die geliebte Mutter ganz für sich allein gehabt hatte. Solche Gedanken erzeugen Schuldgefühle und dienen schließlich sogar als vermeintlicher Beweis dafür, dass man kein guter Mensch sei. Und ein guter Mensch – das wollte sie doch so gerne sein. In ihren Aufsätzen, die sie als 13-Jährige schrieb, klingt das immer wieder an. Sie bemühte sich, es allen recht zu machen, um gemocht, vielleicht sogar geliebt zu werden. Als die Mutter dann starb, konnte sie die aggressiven Gedanken und die Rivalitätsgefühle, die die kleine Schwester bei ihr ausgelöst hatten, wieder gutmachen und sich zugleich mit der Mutter, von der sie verstoßen worden war, versöhnen. Sie übernahm ihre Rolle.

Zeit ihres Lebens blieb die enge Beziehung zwischen den Schwestern bestehen. Sie wohnten zusammen, verreisten miteinander und tauschten schließlich die Rollen. Nachdem sich die Ältere um die Jüngere gekümmert hatte, sorgte sich nun die Jüngere um die Ältere, fühlte sich für sie und ihr Wohlergehen verantwortlich, wollte alles Feindliche und Verstörende von ihr fernhalten. Dazu gehörte vor allem Karl

Valentin, über den Amalie Wellano sagte: »Valentin, ein Skurriler, ängstlich immer daran denkend es könnte ihm etwas zustoßen ein Unfall oder eine Krankheit, war sehr schwierig. Oft bewunderte ich die Geduld meiner herzensguten Schwester.«

Zu den »Feinden« gehörten all jene, die der geliebten Schwester nicht die Sensibilität und das Verständnis entgegenbrachten, die sie brauchte, um sich künstlerisch zu entfalten. Amalie schwärmte:

> *Was für ein Zauber ging doch von meiner Schwester aus, das liebe Gesicht, wie ein Barockengerl sah sie aus; das rundliche weiche an ihr, so weich war sie im Gemüt. Mit lieben Menschen war sie gerne beisammen, wie viel Charme entwickelte sich bei ihr und wie viel Liebe strahlte sie aus. Was bedeutete für sie die künstlerische Arbeit. Ein feiner empfindsamer, heiterer Regisseur war für sie ungeheuer wichtig.*

Zeitweise scheint Amalie Wellano ihre Schwester in ähnlicher Weise umklammert zu haben, wie es Karl Valentin tat. Beide äußerten Sorge, wenn Liesl Karlstadt auf die Berge stieg, Skitouren unternahm und Alleingänge wagte. Beide waren ängstlich darauf bedacht, der wichtigste Mensch für sie zu sein, und wollten sich diese Position von niemandem streitig machen lassen. Die Gewissheit, umsorgt und beschützt zu werden, ist wohltuend und lässt ein Gefühl der Geborgenheit entstehen – der Übergang zur Einengung und Umklammerung ist jedoch fließend. Dann kann das Gefühl der Sicherheit in eins der Bedrängnis und des Eingeschlossenseins umschlagen, aus dem man wieder verzweifelt Fluchtwege sucht. In diesem Zwiespalt befand sich Liesl Karlstadt. Doch sie fand einen Ausweg – eine Aussteigerinnengeschichte, die an Originalität und Skurrilität ihresgleichen sucht.

Im August und September 1940 hatte sie im Deutschen Theater noch einmal gemeinsam mit Karl Valentin auf der Bühne gestanden, bevor sich ihre Wege trennten: Seiner führte in die Tiefe eines Gruselkellers, den er sich im Hotel Wagner eingerichtet hatte; ihrer in die entgegengesetzte Richtung, in die Höhe der Berge. Liesl wurde von einem Freund eingeladen, sich für einige Tage in der von ihm gemieteten Wohnung in Ehrwald in Tirol zu erholen. Für die leidenschaftliche Bergsteigerin und Skiläuferin Liesl Karlstadt war das ein attraktives Ziel – und die Gelegenheit, der Enge ihrer überfürsorglichen Schwester und ihres einnehmenden Geliebten zu entkommen.

Auf ihren Wanderungen begegnete ihr jedes Mal eine kleine Karawane, die aus zwei Gebirgsjägern mit zwei schwerbepackten Muli bestand. Die Tiere, die sich trotz ihrer Last behände und sicher im Gebirge bewegten, weckten ihre Aufmerksamkeit. Eines Tages traf sie bei ihrem Aufstieg einen Wachtmeister, der sie an ihrer Stimme erkannte. Überglücklich, so einen berühmten Gast in der Nähe zu haben, lud er sie zu einem Besuch in der Militärdiensthütte auf der Ehrwalder Alm ein. Liesl Karlstadt nahm die Einladung an und lernte die Gebirgsjäger kennen, die dort stationiert waren. Schließlich mietete sie sich ganz in der Nähe im Gasthaus ›Zum Alpenglühn‹ ein, wo sie bald mit den Soldaten am Stammtisch saß. Man verbrachte zünftige Hüttenabende zusammen – und Liesl Karlstadt, die einzige Frau, war unbestrittener Mittelpunkt. Das gefiel ihr zwar sehr, ihr Hauptinteresse galt jedoch nach wie vor den Tieren. Sie ging mit in den Stall, schaute zu, wie die Muli geputzt und gefüttert wurden, packte mit an und war nach einigen Wochen so weit, dass sie sie selbstständig betreuen und führen konnte. Als Anerkennung bekam sie den ›Mulitreiber-Führerschein‹, der mit echtem Dienstsiegel versehen war. Darüber hinaus taufte man Liesl Karlstadt in Gustav um und ernannte sie zum Hilfstragetierführer, ehe sie schließlich auf Grund ihrer wachsenden Verdienste um die Mulipflege in den Rang des Stabsgefreiten erhoben wurde. Weitere Beförderungen folgten. Sie nahm ihre Aufgabe sehr ernst, denn sie wusste um ihre Bedeutung. Nun veranstaltete Liesl Karlstadt das Spiel mit den Männerkleidern fernab vom Münchner Bühnen- und Kulturgeschehen und verkörperte hoch oben auf der Ehrwalder Alm die Rolle des Stabsgefreiten Gustav mit Eifer und Begeisterung.

In München vermisste man hingegen die Schauspielerin Liesl Karlstadt und forderte sie für Bühnen- und Filmrollen an. Daraufhin beantragte sie schließlich in aller Form Urlaub beim Hüttenwart und erhielt mal eine »Dringende Feld-Theater-«, mal eine »Feld-Film-Abstellung«. Der Abschied fiel ihr jedes Mal schwer, und sie kehrte immer wieder zurück. Ihre längste Abwesenheit dauerte nicht länger als ein halbes Jahr.

Der Stabsgefreite Gustav nahm an Hochgebirgsübungen teil, stand den Kameraden an Durchhaltevermögen in nichts nach, war strahlender Mittelpunkt der »Himalaja-Expedition«, die als Faschingsgaudi in den Alpen stattfand, und wäre wahrscheinlich noch lange dort geblieben, wenn der Krieg nicht in einer Weise eskaliert wäre, die sich mit Galgenhumor nicht mehr bewältigen ließ. Die Luftangriffe verstärkten sich. Bomben fielen auf München. Dort lebte die Schwester Amalie allein in der gemeinsamen Wohnung. Der Stabsgefreite Gustav verließ Anfang 1943 seine Kameraden und kehrte als Liesl Karlstadt nach München zurück. Hier schrieb sie an ihre Freundin Norma:

> *Alli ist nichts passiert, das Luitpold ist nur 2 Tage geschlossen und ist nun wieder in Betrieb. Unsere Wohnung hat nur Scheibenschaden, die Maximilanstraße ist schwer getroffen. Wir sind ohne Gas, Wasser u. Telefon.*

Schließlich verließen die beiden Schwestern ihre Wohnung und fanden für zehn Tage Unterschlupf in einem kleinen Haus in Planegg, dessen Inhaber verreist waren. Vor dort aus zogen sie weiter in die Planegger Georgenstraße, wie Liesl Norma berichtete:

> *Wir hausen in einem sehr primitiven Zimmer mit einer geliehenen Kochplatte – aber ein kleines Öfchen zum Feuermachen ist*

auch da. Alli will nicht mehr hierbleiben u. möchte wieder in ihr
Geschäft – aber alleine getrau ich mir weder in Planegg, noch in
der Maximilianstraße zu bleiben. Norma, wir wissen keinen Rat
mehr, wo soll ich bloß hin ...

Nach ihrer Rückkehr von der Ehrwalder Alm spielte Liesl Karlstadt wieder im Münchner Volkstheater, bis es 1944 durch Bomben zerstört wurde. Sie wirkte in diesen Jahren auch in zahlreichen Filmen mit. Anlässlich einer geschlossenen Veranstaltung in Pasing trat sie am 6. September 1947 zum ersten Mal nach sieben Jahren wieder mit Karl Valentin auf. Anschließend gastierten sie im Bunten Würfel und im Simpl. Am 31. Januar 1948 stand Karl Valentin zum letzten Mal auf der Bühne. Er starb am 9. Februar 1948 in Planegg an den Folgen einer Lungenentzündung. Liesl Karlstadt stürzte sich in ihre Arbeit auf der Bühne und im Film, nahm sogar kleinste Rollen an, um nicht vergessen zu werden.

Der überwältigende Erfolg setzte dann für sie mit der Rolle der Frau Brandl in der beliebten Serie *Familie Brandl* von Ernestine Koch ein. Premiere war am 3. Januar 1952 unter dem Titel »Meisterhausfrau – Haushaltslehrling« im Frauenfunk am Vormittag. Zunächst hatte man nur wenige Folgen konzipiert, in denen die Meisterhausfrau Wally Brandl (Liesl Karlstadt) ihre Haustochter, das Flüchtlingsmädchen Gisela, ausbilden und auf die Hauswirtschaftsprüfung vorbereiten soll. Doch im Verlauf dieser ersten Folgen wuchsen die Figuren (mit dabei waren noch Herr Brandl, mit dem zusammen Frau Brandl ein kleines Geschäft besitzt, sowie Sohn Ferdl, dem der Lateinunterricht große Schwierigkeiten bereitet) den Hörerinnen und Hörern sowie der Redaktion derart ans Herz, dass die Serie erweitert und der Sendeplatz auf den Samstagnachmittag verlegt wurde. Jeden zweiten Samstag wurden die Erlebnisse der Familie Brandl nun ausgestrahlt. Die Hörerinnen und Hörer akzeptierten die Familie schnell als zu ihnen und ihrem Alltagsleben gehörend.

Unbestrittener Mittelpunkt der Serie war Mutter Brandl. Die Zeitungen veranstalteten sogar Umfragen wie: »Finden Sie, dass Frau Brandl sich richtig verhält?« Als einfache Frau mit Herz und Mundwerk auf dem rechten Fleck wurde sie in den 1950er Jahren zur Identifikationsfigur für viele Münchnerinnen und Münchner und ihre Darstellerin Liesl Karlstadt zu einer vielgeliebten und geachteten Persönlichkeit. Zu ihrem 65. Geburtstag erhielt sie 1200 Glückwunschschreiben.

Die Vermischung von Rolle und Person, die diesmal in erster Linie vom Publikum ausging, wurde von Liesl Karlstadt befördert. »Aber leider, im Haushalt kann ich keiner was lernen, ich bin ja viel zu häufig auswärts«, entschuldigte sie sich. Tatsächlich wurde sie zu Hause in der gemeinsamen Wohnung in der Maximilianstraße von ihrer Schwester, die eine hervorragende Köchin war, kulinarisch verwöhnt. Amalie hatte immer noch Angst, dass sich ihre Schwester überforderte, und klagte einem Reporter ihr Leid:

Sie kennen ja mei Schwester! Die kann doch nicht nein sagen. Jetzt is grad im Rundfunk bei der Probe – ein Hörbild, wissen's, zur Hundert-Jahr-Feier der Eingemeindung der Vorstadt Au. No, und morgen ist sie bei einem Abend im Salvatorkeller dabei. Dann hat sie Fernsehprobe, am Samstag geht sie im Festzug mit, am Abend wieder Sendung im Rundfunk, und nachts spielt sie in einer Festvorstellung im Deutschen Theater. Es ist wirklich ein Kreuz, wie man die Liesl einspannt.

Im Sommer 1960, bevor eine neue Folge der *Familie Brandl* aufgenommen werden sollte, fuhr Liesl mit ihrer Schwester nach Garmisch-Partenkirchen in den Urlaub. Am 26. Juli besuchte sie ihr geliebtes Ehrwald und schrieb eine Karte an Erika Mann: »Liebe Frau Erika! Nun habe ich endlich ihr Häuschen von innen gesehen u. bin mehr

als begeistert. Ich gratuliere.« Sie bedauerte, die Freundin nicht an-
getroffen zu haben und hoffte, sie bald wieder »zwecks Gaudi« zu sehen. Doch am nächsten Tag erlitt sie in Garmisch einen Gehirnschlag.
Amalie Wellano schrieb in ein Album unter die Postkarte, die die
Hotel-Pension Leiner zeigt: »Hier im Haus Leiner starb meine innigst-
geliebte Liesl am 27. Juli 1960. Für mich ging die Sonne unter.«

Amelie tat 37 Jahre später in München ihren letzten Atemzug und
liegt auf dem Alten Bogenhausener Friedhof begraben – zusammen
mit ihrer Schwester. ❖

Komplizinnen, Konkurrentinnen, Kämpferinnen

Simone und Hélène
de Beauvoir

❖ »Ich habe immer getan, was ich wollte«, bekannte Hélène de Beauvoir, die zeitlebens im Schatten ihrer berühmten älteren Schwester Simone stand, und präzisierte: »Feministin war ich lange vor meiner Schwester.« Den Grund dafür sieht sie in der Umgebung, in der sie und Simone aufgewachsen waren. In ihrem Buch *Souvenirs* (1987) heißt es: »Wir hatten in einer Welt gelebt, in der die Frau so tief im Schatten stand, dass wir uns den Platz, der ihr eigentlich zustand, gar nicht vorstellen konnten. Wir waren fest entschlossen, alles dafür zu tun, damit wir einen anderen Platz bekämen.« Wie gut, dass sie zu zweit waren und einander unterstützen konnten.

Auch Simone de Beauvoir erinnert sich in ihren *Memoiren einer Tochter aus gutem Hause* (frz. *Mémoires d'une jeune fille rangée*; 1958) an die gemeinsame Kindheit, in der sie las und schrieb und Poupette, wie sie ihre zwei Jahr jüngere Schwester Hélène nannte, malte und zeichnete: »Ich hatte eine Gefährtin, meine Schwester, deren Rolle in meinem Dasein beträchtlich wurde, als ich etwa sechs Jahre alt war.« Damals habe sie begonnen, Poupette Lesen, Schreiben und Rechnen beizubringen und dabei das »stolze Gefühl des Wirkens« verspürt. Wenn die kleine Schwester Multiplikationstabellen korrekt aufgesagt und erste Leseversuche erfolgreich absolviert hatte, war sie mit einem Bibliotheksbesuch belohnt worden.

Die Ältere genoss die Einflussnahme auf die Jüngere. »Dank meiner Schwester – meiner Komplizin, meiner Untertanin, meinem Geschöpf – bestätigte ich mein unabhängiges Selbst.« Und die Jüngere, die niedliche blonde Hélène, war von der schönen brünetten Simone tief beeindruckt: »Meine lebhafteste Erinnerung, die erste Erinnerung, die sich unbewusst einschreibt, ist meine Schwester.« Sie war ihr am wichtigsten, sie war ihr Halt. Das Verhältnis der beiden Schwestern war ein sehr inniges und konnte nicht einmal getrübt werden durch die Bevorzugung, die Simone von ihrer Mutter erfuhr. »Ich hätte sie hassen müssen: Aber das ging nicht«, erklärte Hélène. Simone behandelte sie zwar als kleine Schwester, aber nie als Unterlegene: »Sie mochte mich, sagte mir das, und solange sie, die in meinen Augen intelligenter war als alle anderen, mich mochte, litt ich weniger und hatte keine Komplexe mehr.«

Durch die Anerkennung der großen Schwester konnte Hélène die Benachteiligung kompensieren, die sie von Anfang an erfahren hatte – denn nach der Geburt Simones am 9. Januar 1908 hatte die großbürgerliche Familie als zweites Kind einen Jungen erwartet, »ja, sie verlangte ihn, und ich musste dafür büßen«, heißt es in Hélènes *Souvenirs*. Man warf ihr vor, ohne es direkt auszusprechen, sie habe den »Platz des Stammhalters« gestohlen – ein Fauxpas, für den sie nichts konnte. Ihre Mutter habe ihr später den Brief vorgelesen, den der Großvater anlässlich der bevorstehenden Geburt geschrieben hatte. Darin hieß es: »Ach, wie sehr freuen wir uns auf die Geburt unseres kleinen Jungen. PS: Soeben höre ich von der Geburt eines Mädchens, wir fügen uns Gottes Willen.« Hélène wurde am 9. Juni 1910 geboren.

Der Vater, Georges Bertrand de Beauvoir, wäre am liebsten Schauspieler geworden, doch das war in seinem konservativen Elternhaus nicht denkbar. So studierte er Jura und wurde Anwalt mit einer eigenen Kanzlei. Die Mutter, Françoise de Beauvoir, geborene Brasseur, stammte aus einer wohlhabenden Verduner Bankiersfamilie. Dass sie die Rolle einer Ehefrau und Mutter einnehmen würde, war selbstverständlich. Die strenge katholische Erziehung, die sie genossen hatte, sollte sie später an ihre Töchter weitergeben, für die ein ähnliches Schicksal vorgesehen war: Sie sollten standesgemäß heiraten und, um ihre Attraktivität zu erhöhen, eine Ausbildung an einer Eliteschule absolvieren.

In Bezug auf die Bedeutung der Herkunft vertraten die beiden Schwestern einen radikalen Standpunkt: Sie war irrelevant, »völlig belanglos« – da waren sie sich einig. Hélène ging sogar so weit zu sagen, dass es »der Anfang einer Form von Rassismus« sei, ihr einen Stellenwert beizumessen. Dagegen sei der Ort, an dem man aufwachsen würde, prägend: »wichtig ist der Ort der Kindheit«. Hélène war froh, diesen Ort mit Simone teilen zu können, auch wenn die große Schwester meistens dominieren und sich mit ihrem aufbrausenden Temperament gegen sie, die Ruhige und Ausgeglichene, durchsetzen wollte.

Wie verschieden die beiden Mädchen waren, zeigte sich beim Spielen. Hélène berichtete, sie hätten beide zwei Puppen gehabt, die sie sehr liebten. Allerdings sei Simone ganz anders mit ihnen umgegangen als sie selbst: »Sie gab vor, sie würde sie nicht lieben, sie spielte sich als Lehrerin auf, wies sie zurecht, wiegte sie niemals vor anderen, und vor allem fand sie mit acht, dass sie zu groß war, um mit Puppen zu spielen.« Bei ihr sei das anders gewesen, sie war sehr mütterlich, ohne dass sie deshalb später unbedingt Kinder hätte haben wollen. Doch verloren die Puppen auch bei ihr rasch an Wichtigkeit, genau wie das andere klassische Spielzeug, das man damals den Kindern schenkte. »Begeistert waren wir nur von den Spielen, die wir selbst erfanden. Wir dachten uns ganze Romane aus – anschließend wurden es Komödien oder Tragödien, die wir für uns aufführten.« Das Erfinden von Theaterstücken hatte aber noch einen anderen positiven Effekt, denn so konnten sie der Tyrannei ihrer Mutter entkommen. »Wir erlebten etwas anderes, und das so intensiv, dass wir fortgetragen wurden, in eine Welt, in der die Erwachsenen uns nichts anhaben konnten.«

Die Tyrannei, der sie ausgesetzt waren, bestand vor allem in der strengen katholischen Erziehung. Der sonntägliche Kirchgang war von frühester Kindheit an obligatorisch, anfangs wurde die kleine Hélène von ihrer Mutter in den Gottesdienst getragen. Die Schwestern beteten morgens und abends gemeinsam mit der Mutter, besuchten regelmäßig die Messe, die Beichte und die Kommunion. »Schwer lastete es auf uns, das Gewicht Gottes«, klagte Hélène. »In der Erziehung wurde die Religion als Drohmittel eingesetzt, auch sie forderte einen Gehorsam, der blind zu sein hatte.« Das Paradies, die Hölle, das Fegefeuer, die Todsünden, die Heiligen waren Bestandteile des Alltags.

Der Vater, der selbst nicht gläubig war, kommentierte den religiösen Eifer seiner Frau mit ironischen Bemerkungen. Er hielt nicht viel von den katholischen Riten, sondern regte seine Töchter lieber zum Lesen an. Abenteuerbücher waren ihre erste Lektüre, über die sie mit ihm diskutierten. So wurden Religion und Literatur mehr und mehr zum Gegensatz. »Zwischen Gott und uns stand der Unglaube unseres Vaters«, erklärte Hélène. »Wahrscheinlich um ihn abzuwehren, war Mama umso strenger gegenüber dem, wie sie meinte, schlechten Einfluss ihres Mannes.« Nicht nur, dass er niemals die Messe besuchte, er verkehrte in einer ganz anderen Welt, ging ins Theater und Ausstellungen, liebte Bridge und Pferderennen. So gelangten seine Töchter zu der Ansicht, dass Religion und Kirche nur für Frauen und Kinder vorgesehen und Männer »von Gott freigestellt« waren. Hélène dachte eine Zeitlang nicht weiter darüber nach. Erst durch Simones Frage, ob sie an Gott glaube, wurde ihr bewusst, dass sie ihren Glauben verloren hatte. Da war sie 18 Jahre alt. »Nein, ich denke, ich glaube nicht mehr«, lautete ihre Antwort. Simone gestand ihr, dass sie es auch schon lange nicht mehr tue, aber geschwiegen habe, um die kleine Schwester nicht zu beeinflussen. Für sie habe es irgendwann nur ein Entweder-oder gegeben. Es sei ihr leichter gefallen, »eine Welt ohne Schöpfer zu denken, als einen Schöpfer, der mit allen Widersprüchen der Welt beladen war«. Dabei sei es geblieben. Nie wurde sie in ihrem Unglauben schwankend.

Was Simone und Hélène neben der geschwisterlichen Zuneigung ihr Leben lang verband, war der Freiheitsdrang und der Widerstand gegen die Frauenrolle, die ihnen zugedacht war und von ihrer Mutter repräsentiert wurde. Verlockender als ein Leben als Mutter und Hausfrau erschien ihnen die »leuchtende, frohe Welt«, die »der Gelehrte, der Künstler, der Schriftsteller, der Denker schufen«. In ihr wollten sie sich einen Platz erobern. Darin wurden sie vom Vater unterstützt, der sie zu eigenem Denken und Arbeiten aufforderte – auch aus praktischen Gründen. »Heiraten, meine Kleinen«, prophezeite er ihnen, »werdet ihr freilich nicht. Ihr habt keine Mitgift, da heißt es arbeiten.«

Die beiden Mädchen waren gerne alleine zu Hause. Wenn die Mutter ausging, konnten sie endlich das tun, was ihnen gefiel: Geschichten erfinden, kochen, essen, herumhüpfen »wie übermütige Hunde«. Als Hélène zwölf Jahre alt war, erweiterten sie ihren Wirkungskreis, verließen die Wohnung und machten Spaziergänge durch Paris. Die Eltern sahen es nicht gerne, obwohl es damals nicht gefährlich war. Dennoch folgte man ihnen gelegentlich, wenn auch nicht in böser Absicht. Schließlich war Simone mit ihren 14 Jahren schon eine junge Frau.

Eine besondere Anziehungskraft übte für die beiden Schwestern das Café de la Rotonde aus, das sich im Nebengebäude ihrer Wohnung am Boulevard Montparnasse befand. Sie beobachteten das dortige Treiben von ihrem Balkon im fünften Stock aus. Wenn abends die Lichter angingen, wurde es spannend. Die Gäste des Cafés sahen ganz anders aus als die Bekannten ihrer Eltern. Die Frauen trugen Kurzhaarfrisuren und so knappe Röcke, dass ihre Knie sichtbar waren. Sie schienen unbeschwerter, selbstbewusster und lustiger zu sein, lachten manchmal sogar laut, was in der Öffentlichkeit verpönt war. Aus den Gesprächen der Eltern schlossen sie, dass es sich um Schriftsteller, Musikerinnen und Maler handelte. Die beiden Zaungäste von nebenan träumten davon, einmal zu ihnen zu gehören. Sie waren neugierig auf das Künstlermilieu, dem sie sich verwandter fühlten als ihrer Familie.

Simone und Hélène besuchten den Cours Desir, eine private katholische Mädchenschule. Beide waren meistens Klassenbeste, aber nur Simones Erfolg wurde zu Haus gefeiert. Nach dem Abitur besuchte Hélène Mal- und Zeichenkurse an verschiedenen Pariser Kunstakademien. Simone studierte Philosophie an der Sorbonne und lernte dort Jean Paul Sartre kennen. Das erste Rendezvous mit dem französischen Intellektuellen sollte jedoch nicht Simone, sondern Hélène haben.

Es war im Jahr 1929, das Hélène als Simones »Schicksalsjahr« bezeichnete. Simone war 21 Jahre alt und steckte in anstrengenden Prüfungsvorbereitungen. Doch manchmal musste man sich davon erholen, zum Beispiel beim Kahnfahren im Bois de Boulogne oder beim Flanieren durch die Straßen. Eine Gruppe von drei jungen Männern war Simone dabei aufgefallen: René Maheu, Paul Nizan und Jean Paul Sartre. Auch die drei jungen Männer interessierten sich für Simone und sprachen sie nacheinander an: zuerst Maheu, dann Nizan – beide waren verheiratet. Schließlich lud Sartre Simone ein und zog sich die Missbilligung Maheus zu, weil Sartre das Rendezvous für die Zeit geplant hatte, zu der Maheu verreist sein würde. »Sie würden mir sehr wehtun, wenn Sie allein zu dieser Verabredung gingen«, gestand Maheu Simone. Er wollte unbedingt derjenige sein, der ihr Sartre, den sie bisher nur vom Sehen kannte, vorstellte. Simone befand sich in arger Verlegenheit. Weder wollte sie Maheu verärgern noch Sartre eine Absage erteilen. Schließlich griff sie zu einer List und bat Hélène, an ihrer statt zur Verabredung zu gehen. Hélène sagte zu und fragte, wie sie ihn erkennen könne. Simones spontane Antwort lautete, er trage eine Brille und sei sehr hässlich.

Der von Sartre ausgewählte Treffpunkt war eine Milchbar in der Rue de Médicis. Als Hélène in elegantem schwarzem Kleid den düsteren Raum betrat, entdeckte sie aber gleich zwei nicht gerade attraktive Männer mit Brille. Hélène ging zielstrebig auf den Mann zu, der ihr als der hässlichere erschien und hatte Erfolg. Nachdem sie sich als Simones Schwester vorgestellt hatte, wollte er wissen, wie sie ihn überhaupt erkannt habe. Zögernd antwortete sie, weil er eine Brille trage. Auf seinen Einwand, dass er nicht der einzige Brillenträger im Raum sei, blieb sie die Antwort schuldig. Später erfuhr sie, dass er unter seiner Hässlichkeit sehr gelitten habe.

Das Rendezvous war alles andere als ein Erfolg: »Ich hatte das Gefühl, ich interessierte ihn nicht, auch nicht als Simones Schwester, und er fand mich genauso unzugänglich wie ich ihn«, erklärte Hélène. Sie wusste nicht, worüber sie mit ihm sprechen sollte, und auch ihm schien der Gesprächsstoff ausgegangen zu sein. Daher lud er sie ins Kino ein. Sie schauten sich *Blaue Jungs – blonde Mädchen* (engl. *A Girl in Every Port*, 1928) an, einen Film des amerikanischen Regisseurs Howard Hawks mit der berühmten Schauspielerin Louise Brooks. Der Film gefiel Hélène sehr, die Begegnung mit Sartre hingegen fand sie enttäuschend, wie sie ihrer Schwester am nächsten Tag berichtete. Keinesfalls sei er »unterhaltsam und spannend«, wie man ihn ihr beschrieben habe, »er ist alles andere«. Später sollte Hélène ihr abfälliges Urteil revidieren: Als Simone eine Stelle als Philosophielehrerin in Marseille antrat, verbrachte Hélène die Wochenenden mit Sartre. Sie gingen spazieren, sprachen über ihre Arbeit und vor allem über Simone, die weit weg war. Dabei offenbarte er ihr seine Versagensängste. Sein Ziel war es, ein Werk zu schaffen, das in die Geschichte eingehen würde – doch seine Zweifel am Gelingen waren groß. Er vermisste Simones kluge Kommentare; der Austausch mit ihrer Schwester konnten sie nicht ersetzen, tat ihm jedoch gut. Irgendwann gestand er ihr, dass er sich immer eine kleine Schwester gewünscht und sie in ihr gefunden hätte.

Hélènes Wünsche und Ziele hatten oft mit Simone zu tun, die ihr zu Hause stets als leuchtendes Vorbild präsentiert worden war. So auch die Entscheidung, Malerin zu werden. Dass sie mit Simone intellektuell nicht konkurrieren konnte, wusste sie – bewunderte sie doch selbst die Brillanz ihrer Schwester. Dennoch gab es Talente, über die Simone nicht verfügte: das Zeichnen und Malen. Hélène entdeckte es für sich und empfand es als Befreiung, einen eigenständigen Weg zu gehen, bei dem nicht ständig der Vergleich mit einer Überlegenen drohte. Doch es war kein einfacher Weg. Dauernd bekam sie den Satz zu hören: »Die Frau ist kein schöpferisches Wesen.« Besonders ihr Vater wurde nicht müde, sie mit diesem Standpunkt, den er vehement vertrat, zu konfrontieren. An finanzielle Unterstützung der Familie war nicht zu denken. Hélène musste die Unterrichtsgebühr, die Zeichen- und Malutensilien wie Leinwände und Farben selbst bezahlen. Dabei half ihr Simone, die zwar als Lehrerin wenig verdiente, für ihre Schwester aber immer etwas übrig hatte. Einmal mehr erwies sie sich als Hélènes »zweite Mutter« und Schutzengel. Hélènes Gegenleistung bestand im Abtippen von Simones und später auch Sartres Manuskripten.

Die Hindernisse, die sie als Künstlerin überwinden musste, um überhaupt wahrgenommen zu werden, sollte sie nie vergessen. Im Frühjahr 1992 hielt sie anlässlich ihrer Ausstellung in der Regensburger Galerie Hammer einen Vortrag »Zur Rolle der Frau in der Kunst«. Gleich am Anfang räumte sie rückblickend ein, dass sich seit einigen Jahren »eine wahre Revolution« vollzogen habe, nachdem den Frauen lange Zeit die »Freiheit sich auszudrücken« verweigert worden sei. Für sie selbst bildete die Zurückweisung männlicher Abwertung weiblicher Kunst einen Teil ihres eigenen künstlerischen Schaffens. Doch das kostete sie sehr viel Kraft.

»Mir war bewusst, dass ich doppelt so hart anpacken musste, um einen Platz im Leben zu finden«, heißt es in Hélènes *Souvenirs*. Diese Erkenntnis ließ sie jedoch nicht resignieren, sondern forderte sie dazu heraus, allen, die an ihr zweifelten – vor allem den Männern –, das

Gegenteil zu beweisen. »Ich sagte mir: Ich muss den Männern zeigen, dass ich genauso gut zeichne, male, komponiere wie sie.« Doch im Laufe der Zeit erkannte sie, dass es ein Fehler war, mit der eigenen künstlerischen Arbeit etwas beweisen zu wollen. Es gelang ihr, sich davon zu lösen und stattdessen ihren eigenen Impulsen und Inspirationen zu folgen. Alles andere wurde für sie unwichtig.

Hélène hatte ihre erste Einzelausstellung 1936 in der Galerie Bonjean; zu den Besuchern zählte Pablo Picasso, der ihre Malerei als »sehr eigenständig« lobte. Simone sagte über die Ausstellung ihrer Schwester: »Zur Vernissage kam sehr viel Publikum, die Kritik war sehr vorteilhaft. Ihre Landschaften und Porträts beweisen ihr Talent.« Später äußerte sich Simone zeitweise äußerst vernichtend über Hélènes Malerei, was diese allerdings erst nachträglich aus Briefen erfuhr, die nach Simones Tod veröffentlicht wurden. Für Hélène war es besonders schlimm, zu einem Zeitpunkt davon zu erfahren, als sie nicht mehr mit Simone darüber reden konnte. Wie hilfreich und vielleicht sogar tröstend wäre ein klärendes Gespräch gewesen.

Simones abfällige Bemerkungen über Hélènes Werke waren umso irritierender, als parallel dazu Texte erschienen, die Simone zu Hélènes Ausstellungen und für einige Kataloge verfasst hatte. Darin wird ein ebenso kenntnisreicher wie einfühlsamer Zugang zu Hélènes Bildern deutlich, der den naheliegenden Verdacht entkräftet, es handle sich um reine »Gefälligkeitstexte«. Im Nachhinein am unverständlichsten war für Hélène vor diesem Hintergrund Simones Bitte, Illustrationen zu ihrem 1967 erscheinenden Buch *Eine gebrochene Frau* (frz. *La femme rompue*) anzufertigen. Die damals hocherfreute Hélène schuf innerhalb kurzer Zeit eine Serie von 16 Radierungen, die von ihrer Schwester sehr gelobt wurden. Der Publizist Lucien Galimand kommentierte in der Zeitschrift *Quinzaine Littéraire*: »Die Zusammenarbeit der berühmten Schriftstellerin und der weniger bekannten Künstlerin ist beeindruckend, da sich ganz besonders dieser Roman einer Illustration zu verweigern schien.«

Simones Verhältnis zur Malerei ihrer Schwester blieb widersprüchlich. Anscheinend fand zwischen den beiden zu keinem Zeitpunkt ein offener Austausch darüber statt. Doch das ist nur einer der vielen Widersprüche, die sich durch Simone de Beauvoirs Leben zogen (widersprüchlich war vor allem ihr Verhältnis zu Sartre, zeitlebens ein Konflikt zwischen postuliertem Freiheitsanspruch und gelebter Wirklichkeit). Ihr großes schriftstellerisches Werk, allen voran die Klassiker *Das andere Geschlecht* (frz. *Le Deuxième Sexe*, 1949) und *Das Alter* (frz. *La Vieillesse*, 1970), diente auch zu ihrer eigenen Standortbestimmung, ohne Eindeutigkeit einzufordern. So äußerte sie sich essayistisch und literarisch, faktisch und fiktiv zu den Themen, die ein Frauenleben prägten. Immer schonungslos und mit dem Anspruch der Ehrlichkeit, ob es nun um ihre Beziehung zu ihrer Familie, zu Freundinnen und Freunden oder weiblichen und männlichen Geliebten ging.

Kritik übte Simone, wie aus ihrer Korrespondenz hervorgeht, auch an Hélènes Heirat mit Lionel de Roulet, einem Schüler Sartres, der in den diplomatischen Dienst eintrat. Warum nur hatte ihre Schwester, die immer wieder betont hatte, sie wolle nicht auf die Rolle der Ehefrau reduziert werden, schließlich doch diesen konventionellen Weg gewählt und geheiratet? Waren es in erster Linie pragmatische Gründe gewesen? Als Gattin eines Diplomaten wechselte Hélène oft den Wohnort. Nach ihrer Hochzeit im Jahr 1942 lebte das Ehepaar in verschiedenen Städten, darunter Faro, Wien, Budapest, Belgrad, Casablanca, Mailand. Überall entstanden Bilder, die von dem jeweiligen Ort geprägt waren. Als Lionel 1963 eine Stelle beim Europarat in Straßburg erhielt, zog das Ehepaar nach Goxwiller im Elsass, wo Hélène bis zu ihrem Tod lebte. Sie starb am 5. Juli 2001, elf Jahre nach ihrem Mann, im Alter von 91 Jahren.

Obwohl Hélène ein umfangreiches Oeuvre hinterlassen hat, das in zahlreichen Ausstellungen – europaweit sowie in Tokio und New York – präsentiert wurde, ist sie heute weitgehend vergessen. Der Schatten,

den das weltberühmte Werk ihrer Schwester wirft, war und ist über-
mächtig. Nach Simones Tod – sie starb 15 Jahre vor ihrer Schwester am
14. April 1986 in Paris – vermisste Hélène besonders den Spitznamen,
den ihr die Schwester zugeteilt hatte: »Niemand wird mich mehr ›Poupette‹ nennen.« Nur Simone hatte das gedurft, bei anderen hat sie es
sich verbeten. Um »den Schmerz zu verarbeiten, zu transzendieren,
um ihm die Kälte zu nehmen«, malte sie Trauerbilder. Auf dem ersten,
das den Titel *Die große Trennung* (frz. *La grande séparation*) trägt, versucht eine blonde Frau eine braunhaarige zurückzuhalten, die sich ins
Nichts entfernt. ❖

Sophie Scholl und Inge Aicher-Scholl

❖ »Seltsam – sobald ich von Inge entfernt bin, habe ich einen viel innigeren Kontakt mit ihr. Da ist sie mir richtig Schwester – auch mehr Freundin. Ich freue mich schon sehr auf ihre Briefe«, schrieb Sophie Scholl am 10. April 1941 in ihr Tagebuch. Die damals 19-Jährige attestierte ihrer vier Jahre älteren Schwester eine besondere Sichtweise. Im Gegensatz zu ihr selbst, die die Welt »mit manchmal hässlich nüchternen Augen« betrachte, sehe Inge »alles kindlich, manchmal schwärmerisch und viel zu sehr mit ihrer ganzen Seele«.

Inge kam 1917 als ältestes der sechs Kinder des Politikers Robert Scholl und seiner Ehefrau Magdalene, geborene Müller, die bis zu ihrer Heirat Diakonisse gewesen war, zur Welt. Der Vater war von 1919 bis 1930 Bürgermeister von Forchtenberg. 1918 wurde Hans, 1920 Elisabeth, 1921 Sophie, 1922 Werner und 1925 Thilde geboren. Inge schilderte ihre Kindheit in der Kleinstadt im Kochertal, heute Baden-Württemberg, die von dichten Wäldern umgeben war, als idyllisch. Im Kocher – damals ein sauberer Fluss – brachte sie Sophie das Schwimmen bei.

Es war für Sophie »ein ungeheures Erlebnis«. Überhaupt liebte sie das Wasser. Weil es in Forchtenberg oft Überschwemmungen gab, kaufte der Vater seinen Kindern Stelzen, auf denen sie in den überfluteten Straßen herumliefen – »stolz wie kleine Könige, die ein Stück Land hinzugewonnen hatten«. Doch nachdem der Vater 1930 als Bürgermeister abgewählt worden war, verließ die Familie die beschauliche Gegend und zog zunächst nach Ludwigsburg und 1932 nach Ulm. Dort machte sich der Vater als Steuer- und Wirtschaftsberater selbstständig.

Schon in der Schulzeit zeigten sich Sophies ausgeprägter Gerechtigkeitssinn und ihr Mut, für ungerecht Behandelte vehement einzutreten. Dabei war sie eher introvertiert und beinahe schüchtern. Immer habe sie geschrieben, so ihre Schwester Inge: Tagebuch, Briefe, Aufsätze, kurze Geschichten. »Schreiben war für sie ein Mittel, um sich über sich selbst oder ihren Zustand klar zu werden. Schreiben, das heißt: Schleifen der Seele zu Gedanken.« Darüber hinaus war Sophie eine begabte Malerin und Zeichnerin, von deren Talent die große Schwester so begeistert war, dass sie zu ihrer Mäzenin wurde. Sie kaufte ihr nicht nur die notwendigen Malutensilien, sondern stellte sie sogar von Haushaltsarbeiten frei, damit sie mehr Zeit für ihre Kunst hatte. Inge sah in Sophie etwas Besonderes, während sie von sich selbst ein ganz anderes Bild hatte. »Sie war von einer harten Bescheidenheit und außerdem mit einer merkwürdigen Ironie ausgestattet, die ihr auch als eine Art Selbstschutz diente«, erklärte Inge später. Die Familie hatte erwartet, dass Sophie nach dem Abitur die Kunstakademie besuchen würde, doch diese verkündete, Biologie studieren zu wollen, denn Kunst könne man doch nicht lernen.

Sophies Faible für Kunst und Biologie verdankte Inge ihre verspätete Aufklärung: Die beiden Schwestern schliefen im selben Zimmer und unterhielten sich jeden Abend über das, was sie am Tag erlebt oder womit sie sich beschäftigt hatten. Im letzten Schuljahr vor dem Abitur waren die menschliche Fortpflanzung und die damit verbundenen ›Zeugungsvorgänge‹ Unterrichtsthema in Sophies Klasse. Eines Abends erzählte sie Inge, sie habe etwas Tolles gelernt, das sie ihr gerne weitergeben wolle. »Sie schlüpfte zu mir unter die Decke, nahm Block und Zeichenstift und zeichnete genau das auf, was die Biologielehrerin ihr beigebracht hatte.« Mit ihrem nüchternen Enthusiasmus holte sie bei Inge das nach, was diese in ihrer Schulzeit nicht vermittelt bekommen hatte.

Als Hitler 1933 die Macht ergriff, setzten Inge, Hans und Sophie ihre Hoffnung auf die neue Regierung, die dem Vaterland, das sie so liebten, zu Größe, Glück und Wohlstand verhelfen wollte. Sie konnten nicht verstehen, dass ihr Vater im Programm der Nationalsozialisten eine Bedrohung der Freiheitsrechte sah. Es gab Streit darüber; der Vater konnte sich zunächst mit seinen Warnungen nicht durchsetzen. Nacheinander traten Hans, Inge, Elisabeth, Sophie und Werner in die ihrem Alter entsprechende Gruppe der Hitlerjugend ein. Sophie war die Erste, die ein Unbehagen verspürte angesichts der vielen Aktivitäten wie das Fahnenhissen, die Appelle und Aufmärsche. »Vielleicht war der permanente Betrieb, mit denen man damals die jungen Menschen in Atem hielt, mit ein Grund für sie, sich allmählich zu distanzieren«, vermutete Inge, die sich, wie Hans, von den allgemeinen Begeisterungsstürmen hatte mitreißen lassen. Von Anfang an habe sich Sophie über den Antisemitismus empört: »Warum darf Luise, die blonde Haare und blaue Augen hat, nicht Mitglied sein, während ich mit meinen dunklen Haaren und dunklen Augen BDM-Mitglied bin?«, habe sie in Hinblick auf eine Klassenkameradin gefragt. Der praktizierte Rassismus erschien Sophie nicht nur ungerecht, sondern absurd.

Hans, der besonders stark gegen seinen besonnenen Vater opponierte, nahm 1936 am Parteitag der NSDAP in Nürnberg teil. Man hatte ihn ausgewählt, dort die Fahne seines ›Stammes‹ zu tragen. Zurück bei seiner Familie, schien er völlig verändert und berichtete nach und nach, wie sehr ihn die hohlen Reden, die sinnlosen Aufmärsche und die inszenierte Begeisterung immer mehr abgestoßen hatten. Sein Interesse galt zunehmend einer anderen Jugendorganisation, der ›Deutschen Jungenschaft vom 1. 11.‹, genannt ›d. j. 1. 11.‹. Sie war aufgeschlossen gegenüber Neuem. Statt wie die Wandervögel mit Rucksäcken durchs Land zu marschieren, reisten die Mitglieder lieber per Autostopp in die Ferne: in den Süden, nach Sizilien, oder in den Norden, nach Skandinavien. Literatur, Musik, Theater und Philosophie – vor allem Nietzsche – spielten eine wichtige Rolle. Allerdings waren nur Jungen zugelassen, so dass die Schwestern Inge und Sophie lediglich indirekt über Gespräche mit ihren Brüdern Hans und Werner daran teilhaben konnten.

Es dauerte nicht lange, bis die unerwünschte Jugendorganisation von den Machthabern verboten wurde. Im November 1937 wurden Sophie und Inge (die mit der Organisation sympathisiert hatten) sowie Werner Scholl von der Gestapo verhaftet und ins Gefängnis gesperrt. Der Vorwurf lautete: Betätigung in einer verbotenen bündischen Jugendbewegung. Hans, der bereits beim Militär war, wurde in der Kaserne festgenommen. Außer den ›bündischen Umtrieben‹ wurde ihm Homosexualität vorgeworfen. Sophie entließ man umgehend, denn ihre Verhaftung war ein Irrtum gewesen – man hatte sie für einen Jungen gehalten. Inge und Werner blieben eine Woche in Stuttgart im Gefängnis, wo sie immer wieder verhört wurden. Als sie bei ihrer Entlassung den Vorraum der Haftanstalt betraten, wartete dort mit selbstverständlicher Gelassenheit ihre Mutter, in der Tasche ein Vesperpaket. Das Verfahren gegen Hans wurde nach fünf Wochen eingestellt und er freigelassen. Ein verständnisvoller Vorgesetzter hatte sich für ihn eingesetzt.

In der Schule wurde Sophie mehrfach auf die Inhaftierung ihrer Geschwister angesprochen. Sie reagierte mit Stolz. »Ich glaube«, so Inge, »Sophie empfand unsere Verhaftung auch als eine Auszeichnung.« In diesem Zusammenhang erinnerte sich Inge an ein Erlebnis mit ihrem geliebten Vater: Als sich eines Abends Sophie auf der einen,

Inge auf der anderen Seite bei ihrem Vater untergehakt hatten, hatte sich dieser Luft gemacht. Inges Arm drückend hatte er verkündet: »Wenn die meinen Kindern etwas antun, gehe ich nach Berlin und knalle ihn nieder.« Inge habe diesen Satz nie vergessen. Zwar habe sich später – nachdem Hans und Sophie hingerichtet worden waren und sie selbst und andere Familienmitglieder wieder im Gefängnis saßen – herausgestellt, wie ohnmächtig man war und »wie wenig man nach Berlin gehen und den, der seinen Kindern etwas antat, abknallen konnte«. Dennoch habe sie das Gefühl gehabt, auf Granit zu stehen. »Du hast jemanden hinter dir. Das ist wichtig in solchen Zeiten.«

1937 lernte Sophie den vier Jahre älteren Fritz Hartnagel kennen. Es war bei einer Tanzveranstaltung, wie sie Sophie liebte. Inge berichtete, wie sie und ihre kleine Schwester gemeinsam Künstlerbälle besuchten und sich ab und zu bei einer Freundin trafen, die ein Grammophon und Schallplatten besaß. Im Gegensatz zu ihr, so Inge, sei Sophie eine ebenso begeisterte wie begnadete Tänzerin gewesen, die sich ganz der Musik hingeben konnte. So sehr, dass sich einmal eine Mitschülerin über ihre »unanständige Tanzweise« beschwert hatte. Doch darauf hatte Sophie nur mit der Bemerkung reagiert, dass es nicht ihr, sondern das Problem der anderen sei. Tanzen sei für sie »etwas Befreiendes«.

Fritz Hartnagel, der als Oberfähnrich in Augsburg stationiert war, wurde zu einem der wichtigsten Freunde und Gesprächspartner Sophies, mit dem sie einen intensiven Briefwechsel begann, der für sie von existentieller Bedeutung werden würde. In einem ihrer Briefe aus dem Jahr 1939 heißt es:

Nicht wahr, manchmal abends denkst Du an mich? Du träumst dann manchmal von unseren Ferien. Aber denke nicht nur an mich, wie ich bin, sondern auch, wie ich sein möchte. Erst wenn Du mich dann noch ebenso lieb hast, können wir uns ganz verstehen.

Sophie setzte sich zunehmend mit philosophischen Themen auseinander und suchte Antworten auf die sie bewegenden Fragen in der Literatur. Sie las unter anderem Thomas Mann, Stefan Zweig, Werner Bergengruen, George Bernard Shaw, Paul Claudel, Blaise Pascal und entfernte sich zunehmend von der nationalsozialistischen Ideologie. Allmählich reifte in ihr die Erkenntnis, dass es zu wenig war, die Gedanken anderer in sich aufzunehmen. Man kam nicht umhin, tätig zu werden, zu handeln. Als einschneidendes Ereignis bezeichnete Inge die Weigerung ihres Freundes und späteren Ehemannes Otl Aicher, in die Hitlerjugend einzutreten, wie es vor seiner Abiturprüfung von der Schulbehörde verlangt wurde. Vorschläge wie pro forma Mitglied zu werden, lehnte er ab und blieb konsequent. Das war für sie und ihre Geschwister vorbildlich.

Neben dem Lesen widmete Sophie dem Zeichnen und Malen viel Aufmerksamkeit. Im Sommer 1939, kurz vor Kriegsbeginn, unternahm sie mit Fritz Hartnagel eine Reise nach Norddeutschland. Sie fuhren an die Ostsee, nach Heiligenhafen, an die Nordsee und nach Worpswede bei Bremen, wo sich Ende des 19. Jahrhunderts eine Künstlerkolonie angesiedelt hatte. Dort sah sie zum ersten Mal einige Werke der Malerin Paula Modersohn-Becker und war »hell begeistert«, wie sie am 9. August in ihrem Brief an Inge schwärmte. »Ich verehre sie richtiggehend. Sie hat für eine Frau ungeheuer selbstständig gearbeitet, sich in ihren Bildern nach niemand gerichtet.« Der Schwester empfahl sie dringend, Modersohn-Beckers Bilder kennenzulernen. »Nach ihren Bildern glitten alle anderen in der Ausstellung nur so an mir vorbei.«

Es war die Kompromisslosigkeit und Wahrhaftigkeit der Darstellung, die Sophie Scholl getroffen hatte und der sie sich verwandt fühlte. Nicht nur in der Kunst, sondern auch im Leben. In ihren Briefen an Fritz Hartnagel bezeichnete sie den Krieg und den Umgang mit Andersdenkenden als Unrecht und erklärte dem Freund, dass sie sich ein Zusammenleben mit ihm nicht vorstellen könne, wenn er in entscheidenden Fragen gegensätzlicher Auffassung sei. »Der Mensch soll ja nicht, weil alle Dinge zwiespältig sind, deshalb auch zwiespältig sein«, heißt es in ihrem Brief vom 22. Juni 1940.

Um dem Reichsarbeitsdienst zu entkommen, meldete sich Sophie nach dem Abitur im Mai 1940 beim Fröbel-Seminar für Kindergärtnerinnen in Ulm an. Zur Ausbildung gehörte ein eintöniges vierwöchiges Praktikum in einem Kinderheim in Bad Dürrheim, das Sophie mit exzessivem Briefeschreiben kompensierte. Eine ihrer Mitschülerinnen berichtete Inge, »Sophie fand die ganze Gesellschaft ekelerregend blöde, dumm und verlogen«. Sie habe gemeint, man solle sich am besten »hinaufdienen, hinaufheucheln in ein höchstes Amt und dann die ganze Verlogenheit aufdecken«.

Nach dem bestandenen Examen als Kindergärtnerin musste Sophie den Reichsarbeitsdienst in einem Lager in Krauchenwies bei Sigmaringen antreten. Wieder waren es vor allem die Beschneidung ihrer Freiheitsrechte und die Entindividualisierung, die ihr den Aufenthalt unerträglich machten. So wurde sie von einer Vorgesetzten nur mit ›Arbeitsmaid‹ angesprochen, ihr Name schien nicht zu existieren. Den Außendienst, der mit schwerer körperlicher Arbeit verbunden war, empfand sie als Befreiung. »Du glaubst gar nicht, welch ein schöner Weg mir da jeden Tag bevorsteht (natürlich werde ich ihn manchmal verfluchen), jeden Tag eine Stunde mit dem Rad durch den Wald«, schrieb sie im Juni 1941 an Inge. Ein Goethe-Satz, den der Vater zu zitieren pflegte, habe in der Zeit beim Reichsarbeitsdienst immer wieder für ihr seelisches Gleichgewicht gesorgt: »Allen Gewalten zum Trutz sich erhalten!« Sie interpretierte ihn für sich als Aufforderung, Widerstand zu leisten und hart gegen sich selbst zu sein.

Anfang Oktober trat Sophie eine Stelle als Kindergärtnerin in einem Kinderhort in Blumberg nahe der Schweizer Grenze an. Das ermöglichte ihr, an den Wochenenden Fritz Hartnagel in Freiburg zu treffen. Die beiden verband eine Freundschafts- und Liebesbeziehung besonderer Art, immer wieder Krisen unterworfen, meistens verursacht von Sophie, die ihre Beziehung zu einer platonischen Liebe entwickeln wollte.

Inge stellte fest, dass Sophie zunehmend religiöse Themen ansprach. Die Werke des Augustinus von Hippo und Georges Bernanos' *Tagebuch eines Landpfarrers* (frz. *Journal d'un Curé de Campagne*, 1936) machten großen Eindruck auf Sophie, boten ihr Halt und Orientierung – genau wie Otl Aicher, der sie damit vertraut gemacht hatte. Vielleicht würde ihr die Religion bei der Suche nach dem Sinn ihres Lebens Hilfestellung leisten können. »Was aber wollte dieses Leben von ihr?«, sei eine ihrer Fragen gewesen, so Inge. »Sie ahnte, dass Gott in einem außerordentlichen Maß mit ihrer Freiheit zu tun hatte, ja, sie herausforderte.« Diese Freiheit wollte auch im Alltag von ihr verteidigt werden. Man konnte sie nicht beiseiteschieben oder vertagen, sie verlangte jeden Moment eine eigene Entscheidung.

Im Mai 1942 machte sich Sophie auf den Weg nach München, wo sie zwei Jahre nach ihrem Abitur endlich das Studium der Biologie und Philosophie an der Münchner Ludwig-Maximilians-Universität antreten wollte. Vorher hatte sie ihren 21. Geburtstag mit der Familie gefeiert. »Ich sehe sie noch vor mir, meine Schwester, wie sie am nächsten Morgen dastand, reisefertig und voller Erwartung«, erinnerte sich Inge. »Eine gelbe Margerite vom Geburtstagstisch steckte an ihrer Schläfe, und es sah schön aus, wie ihr so die dunkelbraunen Haare glatt und glänzend auf die Schultern fielen.« Aus ihren großen dunklen Augen habe sie sich die Welt angesehen, »prüfend und doch mit einer lebhaften Teilnahme«, obwohl ihr Gesicht selbst noch so kindlich und zart gewesen sei.

In München wurde sie von ihrem geliebten großen Bruder Hans empfangen. Sie konnte es kaum erwarten, seine Freunde zu treffen: Alexander Schmorell, Christoph Probst und Willi Graf studierten wie Hans Medizin und gehörten einer Studentenkompanie an, die regelmäßig Wehrübungen durchführte. Permanent drohte die Gefahr, zu einem Fronteinsatz abkommandiert zu werden. Sophie fühlte sich auf Anhieb wohl in dem Kreis, dessen Verständnis von Freundschaft und Solidarität ihrem eigenen entsprach. Ziemlich bald lernte sie einen Hochschullehrer kennen, der bei ihrem Bruder und seinen Kommilitonen hochgeschätzt wurde: Professor Carl Muth, der Herausgeber der von den Nationalsozialisten verbotenen Zeitschrift *Hochland*. Hans ordnete seine Bibliothek und als Gegenleistung stellte Professor Muth Sophie in seinem Haus in Solln ein Zimmer zur Verfügung.

Sophie gefiel das studentische Leben: die Vortragsabende, Theateraufführungen, Konzerte, Diskussionen. Sie fühlte sich in dieser Umgebung lebendig und frei. Doch es war nicht zu übersehen, welch exponierte Rolle die Stadt München mit ihren traditionsreichen Hochschulen als ›Stadt der Bewegung‹ im Nationalsozialismus spielte. Schließlich waren es Professorinnen, Professoren und Studierende der angesehenen Ludwig-Maximilians-Universität, die am 10. Mai 1933 auf dem Münchner Königsplatz die Bücherverbrennung inszeniert hatten, an der sich 50 000 Münchnerinnen und Münchner, vor allem aus dem akademischen Bereich, als Schaulustige beteiligten.

Doch es formierte sich auch Widerstand an den Universitäten. Die Gruppe, die sich um Hans Scholl gebildet hatte, war nicht nur freundschaftlich miteinander verbunden, sondern auch durch die gemeinsame politische Einstellung und die Erkenntnis, dass ihren Diskussionen endlich Taten folgen mussten. Plötzlich sei allen klar gewesen: »Man darf nicht nur dagegen sein, sondern man muss etwas tun und an der ungeheuren Zementmauer der Unmöglichkeit versuchen, kleine Möglichkeiten herauszuschlagen oder hineinzusprengen«, kommentierte Inge rückblickend und verwies auf ein Zitat aus dem Brief des Jakobus im Neuen Testament: »Seid Täter des Wortes, nicht Hörer allein!«, das ihnen zur Maxime wurde.

Der praktische Widerstand begann mit der Anschaffung einer Schreibmaschine und eines Vervielfältigungsapparats – die Geburtsstunde der Weißen Rose. Von Mai bis Juli 1942 wurden in einem

Hinterhof in der Leopoldstraße vier Flugblätter gedruckt. Das erste begann mit dem Satz: »Nichts ist eines Kulturvolkes unwürdiger, als sich ohne Widerstand von einer verantwortungslosen und dunklen Trieben ergebenen Herrscherclique regieren zu lassen.« Viele Menschen reagierten mit Angst, wenn sie ein solches Flugblatt in ihrem Briefkasten oder unterwegs in einer Telefonzelle fanden, einige schalteten sofort die Polizei ein. Wenige folgten der Aufforderung am Ende des Textes, die Botschaft abzuschreiben und für eine möglichst große Verbreitung zu sorgen, denn – so hieß es auf einem der Blätter – die »Weiße Rose lässt Euch keine Ruhe!«

Weil die Kompanie, der Hans und seine Mitstreiter angehörten, im Juli 1942 nach Russland abkommandiert wurde, stagnierte das Projekt eine Weile. Sophie wurde verpflichtet, zwei Monate in einem Rüstungsbetrieb zu arbeiten. Wie weit sie zu diesem Zeitpunkt in die Aktivitäten der Weißen Rose involviert war, ist nicht bekannt. Nach ihrer Rückkehr aus Russland stand es für Hans und seine Freunde außer Frage, dass sie ihre Widerstandsarbeit fortsetzten. Neue Weggefährten kamen dazu, darunter der Philosophieprofessor Kurt Huber, dessen Vorlesungen Sophie besuchte.

Doch es war nicht nur gefährlich, die Flugblätter zu verteilen, schon die Herstellung barg erhebliche Risiken. Der Hinterhofraum, in dem der Vervielfältigungsapparat stand, musste streng geheim gehalten werden. Sophie wechselte ständig die Geschäfte, in denen sie Papier und Matrizen besorgte, um sich nicht verdächtig zu machen. Dasselbe galt für die Verteilung. Sophie war für die Städte Augsburg, Ulm und Stuttgart zuständig, wo sie mit dem Zug hinfuhr, um die Blätter an verschiedenen Stellen einzuwerfen oder auszulegen.

Inge berichtete, ihr Bruder habe Weihnachten 1942, als die Familie in Ulm zusammen war, versucht, sie in die Aktionen der Weißen Rose einzuweihen. Doch schon bei der ersten Andeutung habe er ihre Angst gespürt und sein Vorhaben abgebrochen. Sie erzählte weiter, Sophie habe kurze Zeit später ein Flugblatt mit nach Hause gebracht und dem

Vater gezeigt. Er war zwischenzeitlich einige Monate im Gefängnis gewesen, weil er durch regierungskritische Aussagen gegen das ›Heimtückegesetz‹ verstoßen hatte, und reagierte nun ebenfalls mit Angst und der Frage, ob sie und Hans damit zu tun hätten. Das habe Sophie sofort verneint und ihn mit der Erklärung beruhigt, in München brodle es an allen Ecken.

Am 18. Februar 1943 wurden Hans und Sophie entdeckt, als sie im Lichthof der Ludwig-Maximilians-Universität ihre Flugblätter verteilten. Der Pedell Jakob Schmid verständigte sofort den Rektor, der die Gestapo alarmierte. Nach viertägigen Verhören wurden die beiden Angeklagten am 22. Februar 1943 vom Volksgerichtshof in München »wegen landesverräterischer Feindbegünstigung, Vorbereitung zum Hochverrat, Wehrkraftzersetzung« zum Tode verurteilt und noch am selben Tag hingerichtet.

Wenige Tage später wurde die Familie Scholl in Sippenhaft genommen. Inge und den Eltern warf man das illegale Hören ausländischer »Feindsender« vor. Im Juli 1943 wurden Mutter und Tochter vorläufig aus der Haft entlassen und im September freigesprochen. Der Vater blieb bis November 1944 im Gefängnis.

Inge Scholl, die immer wieder versuchen sollte, die kleine Schwester im Nachhinein zu verstehen, veröffentlichte 1952 das Buch *Die Weiße Rose*, in der sie aus der Sicht der älteren Schwester Sophies Schicksal beschreibt. Dass es dabei zu Idealisierungen und Verklärungen kommt, kann nicht überraschen. 1950 gründete sie die Geschwister-Scholl-Stiftung, die als Trägerin der Hochschule für Gestaltung Ulm fungierte. 1952 heiratete sie Otl Aicher, der zu einem der bedeutendsten Grafikdesigner und zum Pionier des Corporate Designs wurde. Sie bekamen fünf Kinder. Inge Aicher-Scholl engagierte sich ab Ende der 1960er Jahre in der Friedensbewegung. Sie starb am 4. September 1998. ❖

Königin Elisabeth II.
und Prinzessin Margaret

❖ »Meine Schwester Margaret Rose und ich fühlen sehr mit euch, denn wir wissen, was es heißt, von denen, die wir am meisten lieben, getrennt zu sein«, versicherte die 14-jährige Prinzessin Elizabeth am 13. Oktober 1940 in ihrer ersten öffentlichen Ansprache. In der Radiosendung *Children in Wartime* wandte sie sich an Kinder, die während des Zweiten Weltkriegs ihr Zuhause verlassen mussten und aufs Land gebracht wurden. Nach einigen einfühlsamen und Trost spendenden Sätzen schloss die Prinzessin mit der Versicherung, dass am Ende alles gut ausgehen werde.

Als Elizabeth Alexandra Mary am 21. April 1926 geboren wurde, ahnte noch niemand, dass sie einmal Königin werden würde. Es regierte ihr Großvater, König George v. Als Thronfolger war der Prince of Wales, sein ältester Sohn David, vorgesehen. Hingegen war Elizabeths Vater, Davids jüngerer Bruder, Thronerbe in zweiter Linie. Daher bestand für Elizabeths Eltern kein Grund, ihre Tochter Lilibet – wie sie innerhalb der Familie genannt wurde – auf eine exponierte Position wie die einer

Königin vorzubereiten. Wahrscheinlich würde sie einen Ehemann aus dem Hochadel heiraten, eine Familie gründen und ein großes Haus führen. Dasselbe erwartete man auch von ihrer Schwester Margaret, die am 21. August 1930 zur Welt kam.

Elizabeths und Margarets Eltern waren der Herzog von York, Albert Frederick Arthur George, genannt Bertie, und die aus schottischem Landadel stammende Elizabeth Bowes-Lyon. Nachdem die selbstbewusste junge Frau den Heiratsantrag zweimal abgelehnt hatte, nahm sie 1923 schließlich den dritten an. Ein ungleiches Paar, das sich jedoch hervorragend ergänzte: Auf der einen Seite ein öffentlichkeitsscheuer schüchterner Mann, dessen Sprachfehler Thema des erfolgreichen Films *The King's Speech* (2010) wurde; auf der anderen Seite eine kluge, lebenslustige Frau, die keine Probleme mit den Medien hatte, sondern sie geschickt für sich und ihre Familie einsetzte. So wurde Elizabeth gleich nach ihrer Geburt als »berühmtestes Baby der Welt« gefeiert. Ihre Eltern dokumentierten die Entwicklung ihrer Tochter mit Fotoapparat und Amateurfilmkamera. Nicht nur in England, auch in Amerika nahm man Anteil am Schicksal der sympathischen königlichen Familie. Als Elizabeth drei Jahre alt war, zierte sie zum ersten Mal das Cover des TIME *Magazins*. In Frauenzeitschriften wurde von einem übermütigen Kind berichtet, das bei einem Festessen Kekse auf die Gäste warf. Der »goldgelockte kleine Engel« schaffte es sogar, seinen strengen Großvater, König George V., um den Finger zu wickeln.

Elizabeth und Margaret wurden gleich nach ihrer Geburt von Clara Knight betreut, die schon in Schottland die Kinderfrau ihrer Mutter gewesen war. Von den beiden Schwestern wurde sie ›Alla‹ genannt. Clara Knights oberstes Ziel war es, die Kinder zu Fleiß und Disziplin zu erziehen und Müßiggang zu vermeiden. Also wurde der Tag streng durchstrukturiert. Dazu gehörten die Unterweisung in Ordnung – nach dem Spielen mussten die Spielsachen wieder penibel aufgeräumt werden – und der tägliche Spaziergang an der frischen Luft, unabhängig vom Wetter. Für Margaret war Clara Knight allein zuständig, für Elizabeth war nach Margarets Geburt zusätzlich die junge ›Undernurse‹ Margaret ›Bobo‹ MacDonald eingestellt worden, die Elizabeth lebenslang als Vertraute verbunden bleiben sollte.

Als Elizabeth sieben und Margaret drei Jahre alt waren, kam eine weitere Bezugsperson dazu: Die junge Schottin Marion Crawford, von den Kindern ›Crawfie‹ genannt, wurde ihre Gouvernante und war für alle Fragen des alltäglichen Lebens die erste Ansprechpartnerin. Ursprünglich war beabsichtigt, dass sie nur ein Jahr bleiben sollte, doch daraus wurden 17 Jahre. Sie übernahm den allgemeinen Unterricht; Hauslehrerinnen und Hauslehrer unterrichteten die beiden Prinzessinnen in den Fächern, die damals für junge Frauen der Oberschicht als angebracht galten: Französisch, Musik, Kunst, Tanzen. Marion Crawford hielt das für nicht ausreichend, wie ihren Büchern *The Little Princesses* (1950) und *Princess Margaret* (1954) zu entnehmen ist. Sie bemängelte, dass sich niemand konsequent um eine angemessene fundierte Ausbildung kümmerte. Einzig König George v. erteilte konkrete Anweisungen: »Bringen Sie um Himmels willen Lilibet und Margaret eine schöne Handschrift bei, mehr verlange ich ja gar nicht!« Seine Ehefrau hingegen hielt die Fächer Geographie und Geschichte, die ihr selbst am Herzen lagen, für wichtig und besuchte mit ihren beiden Enkelinnen so oft wie möglich historische Museen und Sammlungen.

Für den Unterricht zu Hause stand nur der Vormittag von 9 Uhr bis 11 Uhr zur Verfügung. Erst später wurden mehr Stunden für die Wissensvermittlung veranschlagt und es sollten die Fächer Poesie, Literatur, Grammatik, Bibelkunde und Höhere Mathematik hinzukommen. Nach der Mittagsruhe las die Gouvernante den Kindern vor; am Nachmittag durfte draußen gespielt werden. Zu ihrem vierten Geburtstag hatte Elizabeth von ihrem Großvater ein Shetlandpony geschenkt bekommen – der Grundstein für ihre lebenslange Leidenschaft für Pferde. Eine Anekdote besagt, Elizabeth sei kurz vor Beginn der Feierlichkeiten zu ihrer Krönung im Juni 1953 ungewohnt angespannt gewesen. Auf Nachfrage einer ihrer Hofdamen habe sie zugegeben, »natürlich« aufgeregt zu sein, aber sie denke doch, »dass Aureole gewinnen« werde. Bei Aureole hatte es sich um ihr Pferd gehandelt, das am Tag nach der Krönung ein Rennen bestreiten sollte. Ihm, nicht ihr selbst, hatte ihre Aufregung gegolten. Doch Aureole sollte nur den zweiten Platz erreichen. Die Nervosität seiner Besitzerin war also nicht unbegründet gewesen.

Elizabeth wird als ruhiges und braves Kind beschrieben – nur einmal soll sie sich ein Tintenfass über dem Kopf ausgegossen haben, als sie mit dem Französischlernen Schwierigkeiten hatte. Bei ihrer Schwester Margaret waren Ausbrüche dieser Art nicht selten. Sie war eigenwillig und lebhaft. Weil sie immer nur zu zweit unter sich waren, konnten die Schwestern nicht einschätzen, über welches Wissen andere gleichaltrige Kinder verfügten. Ihre Eltern waren darüber nicht besorgt. Für sie hatte es Priorität, dass sich die Kinder wohlfühlten und sich so frei wie möglich entwickelten. Besonders der Vater wollte unnötigen Leistungsdruck, wie er ihn erfahren hatte, von ihnen fernhalten. Er hielt ihn für unangemessen, da für sie kein royales Amt vorgesehen war.

Doch es sollte anders kommen: Als der Großvater König Georg V. 1936 starb, trat der älteste Sohn David als König Edward VIII. seine Nachfolge an. Er war mit seinen 41 Jahren immer noch ledig und genoss offensichtlich seine Freiheit als Junggeselle. Allein das bedeutete für dieses Amt einen Makel, hatte doch ein König ein intaktes Familienleben zu führen. Brisant wurde es allerdings erst, als er seinen Entschluss mitteilte, zu heiraten, und zwar seine Geliebte Wallis Simpson. Die ›amerikanische Abenteurerin‹ war bereits zweimal geschieden, ihr Lebenswandel entsprach in keiner Weise den Erwartungen, die an eine Frau in ihrer Stellung gestellt wurden. Die Regentschaft Edwards VIII. war dementsprechend sehr kurz: Sie begann am 20. Januar 1936 mit dem Tod seines Vaters und endete mit seiner Abdankung am 11. Dezember desselben Jahres. 1937 heiratete er Wallis Simpson.

Seine Nachfolgte trat sein jüngerer Bruder Bertie an, Elizabeths und Margarets Vater, von nun an König George VI. Damit war dessen älteste Tochter zur Thronerbin geworden. Auf Margarets Frage, ob das am Ende heiße, dass sie Königin werden würde, antwortete die große Schwester: »Ja, ich denke schon.« Später sollte laut Margaret nie wieder davon gesprochen werden. Ihrer schottischen Großmutter gestand Elizabeth, sie hätte »glühend um einen Bruder« gebetet, der sie von ihrer Bestimmung erlöst hätte.

Die neue Situation hatte unmittelbare Folgen für das Leben der elfjährigen Elizabeth, angefangen mit dem Umzug der neuen königlichen Familie von ihrem Stadthaus in den Buckingham Palace. Marion Crawford war entsetzt, weil der Palast kalt, riesig, düster und von Ungeziefer bewohnt war. Die Korridore, die die 600 Zimmer miteinander verbanden, schienen endlos zu sein. Sie habe sich gefühlt wie in einem Museum, das jeden Moment auseinanderzufallen drohte. »In der ersten Nacht heulte der Wind wie 1000 Gespenster durch die Kamine«, berichtete sie. »In dem Palast lagen erst seit Kurzem elektrische Leitungen, und der Lichtschalter für mein Zimmer war ein Stück den Gang runter.« Die Küche befand sich am Ende der Buckingham Palace Road, einen Kilometer entfernt vom Speisezimmer. Mit Hilfe eines Kammerjägers versuchten sie, das Gebäude von Mäusen zu befreien.

Was den beiden Prinzessinnen gefiel, war die Suite, in der sie wohnen sollten. Es war spannend, aus den hohen Fenstern auf die Straße zu blicken. Sie habe es geliebt, »den Menschen und den Autos in der Mall zuzuschauen«, erinnerte sich Elizabeth später. Alle schienen sehr beschäftigt, und sie habe sich immer gefragt, »was sie wohl taten und wohin sie wohl gingen, und was sie da draußen denken mochten über den Palast«.

Als ein »Lieblingsbild« ihrer Erinnerung bezeichnet Marion Crawford eines aus diesen Tagen: Sie sieht ein kleines Mädchen vor sich, »dem die Größe, die Pracht und die Unnahbarkeit der Räume schier den Atem verschlägt«, und fühlt dann, wie sich die Hand Margarets in ihre schmiegt, bevor sie flüstert: »O Crawfie, ich wünschte, wir wären wieder daheim. Was waren das doch für schöne Zeiten!«

Doch die aufgeweckte Margaret hielt sich nicht lange mit nostalgischen Betrachtungen auf. Sie erfand in dieser Zeit eine Figur, der sie die Verhaltensweisen zuschieben konnte, für die sie getadelt wurde: Cousine Halifax. War Margaret ein Buch abhandengekommen, so äußerte sie die Vermutung, ›Cousine Halifax‹ habe es versteckt. Hatte sie ihre Schulaufgaben nicht erledigt, so entschuldigte sie sich damit, dass ›Cousine Halifax‹ sie davon abgehalten habe. Konnte oder wollte sie abends nicht einschlafen, erklärte sie, ›Cousine Halifax‹ habe sie wach gehalten.

Weil sie fürchtete, dass sich die beiden Prinzessinnen zu sehr aufeinander fixierten und zu wenig mit anderen Kindern zusammenkämen, schlug Marion Crawford ihnen vor, den Pfadfindern beizutreten. Sie gründete die ›1st Buckingham Palace Guide Company‹, die aus 20 Mädchen bestand, alle aus adeligen Familien oder Töchter des Personals. Am 9. Juni 1937 trafen sie sich zum ersten Mal. Da Margaret zu diesem Zeitpunkt erst sieben Jahre alt war, wurde für sie eine Wölflinggruppe für Sieben- bis Vierzehnjährige gegründet. Anders als ihrer Schwester gefiel es Margaret, mit Gleichaltrigen unterwegs zu sein und Tag und Nacht draußen zu verbringen. Margaret habe unbedingt darauf bestanden, als »ein Mädchen von vielen« mit ihrem Schlafsack in einem Zelt zu übernachten. »Alles, was sie selbst von der Welt außerhalb des Palastes wusste, hatte sie von Leuten aus ihrer gewohnten Umgebung vernommen«, erklärte Marion Crawford, die sich darin bestätigt fühlte, mit der Gründung der Pfadfindergruppe das Richtige für ihren Schützling, den sie ›Wildfang‹ nannte, getan zu haben.

Der Vater hatte hingegen andere Sorgen: Selbst nur unzureichend auf die Rolle des Königs vorbereitet, wollte er seiner Tochter unbedingt das Gefühl der Unzulänglichkeit ersparen und verschaffte ihr Privatunterricht in Geschichte, Staatswesen und Verfassungsgeschichte beim

Vize-Provost des Eton College, Henry Marten. Mit seiner Begeisterung und seinem Engagement gelang es diesem, das Interesse der 13-jährigen Schülerin für die trockene Materie zu wecken. Sie fügte sich bereitwillig in die Notwendigkeit, musste sie doch über die Nation, über die sie einmal als Königin herrschen würde, Bescheid wissen. Also studierte sie *The Law and Custom of the Constitution* (1886–92), das mehrbändige Werk von William Reynell Anson, und verfasste Aufsätze zu den Themenstellungen, die ihr der Lehrer aufgab. Sie exzerpierte, notierte, markierte und unterstrich die Passagen, die sie für wichtig hielt und die ihre künftige Position betrafen. Später sollte sie damit einige Premierminister beeindrucken, die eine solch detaillierte Sachkenntnis nicht erwartet hatten.

Gleich nach Beginn des Zweiten Weltkriegs wurden Elizabeth und Margaret nach Windsor Castle gebracht. Man glaubte, sie seien dort sicherer. Sie blieben bis Kriegsende und sahen ihre Eltern nur selten, meistens an den Wochenenden. Als sie im Schloss eintrafen, war ihr erster Eindruck nicht anders als der, den sie seinerzeit bei ihrem Umzug von der freundlichen Stadtwohnung in den mächtigen Buckingham Palace gewonnen hatten: Windsor Castle wirkte unheimlich und abweisend auf sie. Die Fenster waren geschlossen und verdunkelt, die Möbel mit Laken zugedeckt, die Bilder abgehängt, die wertvollen Kronleuchter heruntergelassen, damit sie bei einem Bombenangriff nicht aus höchster Höhe herabfielen. Auf dem Gelände des Schlosses befand sich ein Bauernhof. Elizabeth und Margaret kümmerten sich um den Gemüsegarten und die Tiere, die dort gehalten wurden.

Der tägliche Unterricht der Prinzessinnen wurde von ihrer Gouvernante, dem Lehrpersonal und Henry Marten fortgesetzt. Elizabeth entwickelte sich zu einer passionierten Leserin. Der Großmutter lagen Kunsterziehung und Kunstgeschichte besonders am Herzen, und so veranlasste sie, dass Gemälde aus der Royal Collection nach Windsor gebracht und im Unterrichtssaal aufgestellt wurden, um die Aufmerksamkeit ihrer Enkelinnen zu wecken.

Margaret liebte es zu zeichnen, die eigenen Welten nicht nur in der Phantasie zu erschaffen, sondern sie auf Papier zu bannen, vor allem Familienidyllen, die aus Mutter, Vater und vielen Kindern bestanden. Manchmal illustrierte sie die Geschichten, die ihr ihre Gouvernante erzählte. Zudem entwarf sie Kleider für sich und andere oder kopierte sie aus Modezeitschriften. Als jüngere Schwester war es ihr Schicksal, die Kleidung der Älteren aufzutragen, wenn diese aus ihr herausgewachsen war. Daran konnte ihr Prinzessinnen-Status nichts ändern – vor allem nicht in Kriegszeiten, in denen auch die Königsfamilie von der üblichen Stoffzuteilung betroffen war. Tatsächlich hatte Margaret aber überhaupt nichts dagegen, die Kleider ihrer Schwester zu übernehmen, denn sie gefielen ihr. Außerdem fühlte sie sich Elizabeth näher, wenn sie ein Kleidungsstück von ihr trug, das für sie abgeändert worden war. Marion Crawford hatte den Eindruck, Margaret holte damit auf und verringerte den Abstand zu der vier Jahre Älteren. Es sollte nicht lange dauern, bis Margaret zur Stilikone wurde, deren Outfits zahlreiche Bewunderinnen und Nachahmerinnen fanden. Anfangs überwog allerdings die Kritik, wie bei dem legendären Ballkleid aus weißem Tüll mit bauschig-weitem Rock und engem Oberteil ohne Träger, das sie sich bei einem Paris-Besuch von Dior hatte anfertigen lassen. Die 19-Jährige trug das Kleid erstmals bei einem Ball in London und löste damit in den Medien Diskussionen aus, ob das Modell nicht zu gewagt sei für eine junge Frau. Doch damit nicht genug: Selbst im Buckingham Palace wurde in einer Familienkonferenz darüber beraten. Ihre Großmutter plädierte dafür, das Oberteil mit breiten Trägern zu versehen, die die Schultern bedeckten. Margaret musste akzeptieren lernen, dass alles, was sie in der Öffentlichkeit tat und äußerte, wahrgenommen und kommentiert wurde. Das betraf nicht nur vergleichsweise unwesentliche Dinge wie ihre Kleidung, sondern auch lebensentscheidende, wie sie schmerzlich erfahren würde. Obwohl sie keine solch exponierte Position wie ihre Schwester inne- oder in Aussicht hatte, stand sie permanent im Rampenlicht.

Gerade die enge Verbundenheit der Schwestern lässt ihre Gegensätzlichkeit deutlich werden. Auf der einen Seite die pflichtbewusste, beherrschte Elizabeth, auf der anderen Seite die eigensinnige, extrovertierte Margaret. Schon früh war Elizabeth dazu angehalten worden, ihre Emotionen unter Kontrolle zu bringen – im Großen wie im Kleinen. Wenn sie sich beim Spielen verletzte, sagte sie zu sich selbst: »Ich muss versuchen, nicht zu weinen.« Wie schwer es ihr gefallen sein muss, diese Maximen zu ihrer zweiten Natur werden zu lassen, bleibt ihr Geheimnis.

Mutig waren beide Schwestern. Dass sie keine Scheu vor ungewöhnlichen Aufgaben hatten, bewies Elizabeth einmal mehr, als sie 1944 dem Auxiliary Territorial Service (ATS), der Frauenabteilung des britischen Heeres, beitrat, wo sie lernte, Lastwagen zu fahren und Motoren zu warten. Es war eine Premiere: Zum ersten Mal absolvierte ein weibliches Mitglied der königlichen Familie einen Lehrgang mit Menschen außerhalb des Hofes. Es sollte das einzige Mal bleiben, bei dem sie ihre Fähigkeiten mit Gleichaltrigen messen konnte. Im selben Jahr, an ihrem 18. Geburtstag, ernannte sie ihr Vater zum Staatsrat, was bedeutete, dass sie, wenn er krank oder verhindert sein sollte, seine Amtspflichten zu übernehmen hatte. Die große Aufgabe rückte immer näher.

Im Jahr 1952 starb König George VI. im Alter von 56 Jahren. Der Tod traf beide Töchter schwer, besonders Margaret. Marion Crawford berichtet, dass diese ihre Liebe für den Vater »viel ungehemmter« gezeigt hatte als ihre große Schwester. Wenn er sich mit seinen Töchtern über das Tagesgeschehen unterhalten, Geschichten erzählt oder Fragen beantwortet hatte, dann hatte Elisabeth »besonnen neben ihm zu stehen« gepflegt, während ihre Schwester »ungestüm die Arme um des Vaters

Hals« geschlagen und sich auf seinen Schoß sitzend an ihn geschmiegt hatte. Der König hatte beide Töchter geliebt, jedoch auf unterschiedliche Weise, die in seinem Ausspruch »Lilibet ist mein Stolz. Margaret ist meine Freude« deutlich wird. Es haben viele Monate vergehen müssen, bis Margaret »einen Anflug von Ähnlichkeit mit der frohen jungen Prinzessin aufwies, deren Heiterkeit und Anmut in den Tagen vor dem traurigen Ereignis in aller Welt die Zungen in Bewegung gesetzt hatte« und sie endlich wieder einmal lächelte, berichtete Marion Crawford. Der jungen Frau war schmerzlich bewusst, dass sie einen Vertrauten, Beschützer und Ratgeber verloren hatte, der durch niemanden zu ersetzen war. Gleichzeitig veränderte sich zwangsläufig die Beziehung zu ihrer Schwester, die mittlerweile Ehefrau und Mutter zweier Kinder war. 1947 hatte Elizabeth Prinz Philip von Griechenland und Dänemark geheiratet, der zum Duke of Edinburgh ernannt wurde. 1948 hatten Sohn Charles, 1950 Tochter Anne das Licht der Welt erblickt. Die Söhne Andrew und Edward folgten 1960 und 1964.

Margarets Situation beim Tod König Georges VI. unterschied sich fundamental von der Elizabeths, die »über Nacht Königin« geworden war und sich »den Umständen gehorchend ohne Übergang dem Strom der Ereignisse stellen« musste, so dass ihr für Trauer und Besinnung kaum Zeit blieb. Elizabeth erhielt die Todesnachricht in Kenia während einer Afrikareise. Ihre erste Reaktion habe in der Frage an ihren Privatsekretär bestanden, welche Formalitäten sie nun zu erfüllen habe, worauf dieser antwortete, es gäbe nur eine: Sie müsse unter ihren Vornamen denjenigen wählen, den sie in Zukunft als Königin tragen wollte. 1952 trat sie im Alter von 26 Jahren als Elizabeth II. die Thronfolge an.

Schon vor dem Tod ihres geliebten Vaters hatte Margaret geäußert, dass sie sich einsam fühlte, nachdem ihre Schwester eine Familie gegründet hatte. »Es ist nicht leicht, eine Prinzessin zu sein«, konnte man immer öfter von ihr hören. Doch das hinderte sie nicht, Anteil an Elizabeths Familienleben zu nehmen – unvergessen ihre Reaktion auf die Geburt ihres Neffen Charles: »Hurra, ich bin Charleys Tante!«, in Anlehnung an die berühmte Kult-Komödie von Brandon Thomas aus dem Jahr 1892.

Margaret liebte und schätzte ihre große Schwester. Laut Marion Crawford habe sie auf die Frage, welche weibliche Persönlichkeit der Geschichte sie am meisten bewundere, ohne zu zögern ihre Schwester genannt und betont, sie wolle so werden wie Lilibet. Dass ihr Leben ganz anders verlaufen würde als das der Schwester, kündigte sich Ende der 1940er- / Anfang der 1950er Jahre deutlich an, als die beiden zwangsläufig getrennte Wege gehen mussten. Margaret definierte ihre Rolle mit gewohnter Ironie: »Ich bin einzigartig, ich bin die Tochter eines Königs und die Schwester einer Königin.«

Doch gerade dieser Status sollte ihren weiteren Lebensweg stören. Ihre Liebesbeziehung mit Peter Townsend, öffentlich gemacht durch ein Foto, das die beiden durch eine vertraute Geste miteinander verbunden zeigte, wurde zum Politikum. Der 16 Jahre ältere Oberst der Luftwaffe war Stallmeister im Dienst des Königs – und verheiratet. 1952 ließ er sich zwar scheiden und machte Margaret 1953 einen Heiratsantrag, doch da sie noch keine 25 Jahre alt war, musste sie die Königin um Erlaubnis fragen. Diese schlug vor, die Angelegenheit bis nach ihrer Krönung im Juni 1953 zu vertagen. Doch zu einer Hochzeit kam es nie. War es der Druck, der von vielen Seiten auf Margaret ausgeübt wurde oder die Angst vor einer ungewissen Zukunft ohne die gewohnten Privilegien, die Margaret schließlich zum Verzicht bewegt hatten? Gerade in dieser kritischen Situation muss sie den Rat und Beistand ihres verstorbenen Vaters sehr vermisst haben. Im Herbst 1955 gab sie offiziell ihren Verzicht auf Townsend bekannt. Im Radio verlas sie ihren Abschiedsbrief, in dem es heißt, sie sei »zutiefst dankbar für die Fürsorge all jener«, die beständig für ihr Glück gebetet hätten.

Fünf Jahre später heiratete sie den Fotografen Antony Armstrong-Jones, dem der Titel Earl of Snowdon verliehen wurde. 1961 wurde ihr Sohn David, 1964 die Tochter Sarah geboren. Über das ›Glamour-

Paar‹, das sich vorwiegend in der Londoner Künstlerszene bewegte und ein Jet-Set-Leben führte, wurde in der Klatschpresse ausgiebig berichtet. Weniger Aufmerksamkeit wurde Margarets Engagement als Schirmherrin zahlreicher Organisationen und Wohltätigkeitsveranstaltungen geschenkt. 1978 wurde die Ehe mit Lord Snowdon geschieden. Es war die erste Scheidung eines Mitglieds der englischen Königsfamilie seit 77 Jahren. Dementsprechend groß war der dadurch verursachte Skandal, der von den Medien süffisant ausgeschlachtet wurde. Margaret war getroffen, aber nicht überrascht. Ihr rückblickender Kommentar lautete: »Es war unvermeidlich. Wenn die eine Schwester die Königin und die Quelle aller Ehrenhaftigkeit und alles Guten ist, muss die andere der Inbegriff der einfallsreichsten Heimtücke sein: Die böse Schwester.«

Margaret erkrankte an Lungenkrebs und erlitt mehrere Schlaganfälle. Sie starb am 9. Februar 2002 im Alter von 71 Jahren. Die einfühlsamsten Worte fand Prinz Charles, der seine Tante als eine »wunderbar lebenslustige Frau mit so einem unabhängigen Geist« bezeichnete. Viele Menschen wüssten gar nicht, »welche Talente sie besaß«. Sie habe »unglaublich gut Klavier gespielt und gesungen wie ein Engel«. Daran wollte er erinnern und vor allem daran, dass sie das Leben geliebt und in vollen Zügen genossen habe.

Margarets große Schwester Elizabeth beging im Alter von 96 Jahren ihr 70. Thronjubiläum. Bis zu diesem Zeitpunkt hatte die älteste amtierende Monarchin insgesamt 14 verschiedene Premierminister zur wöchentlichen Privataudienz empfangen – der erste war Winston Churchill gewesen, der sie schon bewundert hatte, als sie noch ein Kind gewesen war. »Sie hat ihren eigenen Kopf, strahlt Autorität und Nachdenklichkeit aus, was erstaunlich ist bei einem Kleinkind«, schrieb er 1928 nach einem Besuch auf Schloss Balmoral an seine Frau.

Elizabeth führte die längste Ehe im britischen Königshaus. Prinz Philip und sie bekamen vier Kinder, acht Enkelkinder und elf Urenkel.

Ihre Ehe hielt allen Belastungen und Krisen stand, auch den familiären, die Elizabeth nicht erspart blieben. Philip war für Elizabeth stets eine große Stütze, wie sie immer wieder betont hat. 2017 trat der 96-jährige Philip von allen königlichen Pflichten zurück. Er starb am 9. April 2021 im Alter von 99 Jahren – und die Königin musste das 70. Thronjubiläum, das Anfang Juni 2022 vier Tage lang gefeiert wurde, ohne ihn an ihrer Seite begehen, der einzige Wermutstropfen bei dem rauschenden Fest, das Elizabeth in gewohnt freundlich-gelassener und würdiger Manier feierte. ❖

Ein Gespenst namens Talent

Liselotte und Corinne Pulver

❖ »Meine Schwester und ich haben so ähnliche Stimmen, dass nicht einmal meine Mutter sie am Telefon unterscheiden kann.« Mit diesem Satz beginnt das Buch *Lilo Pulver, meine Schwester*, das Corinne Pulver 1979 publizierte. Doch dieser Satz stammt nicht von ihr, sondern von Liselotte, die dem Werk bezeichnenderweise einen kurzen Prolog mit dem Titel »Ich über meine Schwester Corinne« vorangestellt hat.

Liselotte Pulver avancierte in den 1950er und 1960er Jahren zu einer der beliebtesten und berühmtesten Filmschauspielerinnen des deutschsprachigen Kinos. Doch sie spielte auch in ausländischen Filmen. Neben *Ich denke oft an Piroschka* (1955), der *Zürcher Verlobung* (1957) und dem *Wirtshaus im Spessart* (1958) gehört die Rolle der Ingeborg in der amerikanischen Filmkomödie *Eins, zwei, drei* (engl. *One, Two, Three*, 1961) unter der Regie von Billy Wilder zu den Höhepunkten ihrer Karriere.

Ihre Schwester Corinne hingegen arbeitete nach einem Grafikstudium als Journalistin für Printmedien, Funk und Fernsehen und hatte ab Mitte der 1950er Jahre eigene Sendungen beim SDR. Mit Anfang 30 wurde sie zur ersten Fernsehredakteurin des Deutschen Fernsehens. Sie arbeitete in Deutschland, der Schweiz, Italien und Frankreich. Zu den Persönlichkeiten, die sie porträtierte, gehörten Elsa Maxwell, Jeanne Moreau und Max Frisch. In ihren Dokumentationen scheute sie sich nicht, heikle gesellschaftliche Themen aufzugreifen. Sie entwickelte einen eigenen Stil des Fernsehfeuilletons, bei dem die Bildsprache im Vordergrund stand – als Gegenmodell zur damals üblichen Textlastigkeit. Außerdem publizierte sie Biografien über eigenwillige Frauen wie Madame de Staël, George Sand und ihre eigene Schwester Liselotte.

Diese fährt in ihrem Vorwort mit der Betonung der Gegensätze fort: »Corinne ist ein vollschlankes Superweib mit rötlichen, langen Haaren, großen hellen Augen und phlegmatischen Bewegungen«, während sie, die »Zaundürre«, immer in Aktion gewesen sei. Doch es seien nicht nur Äußerlichkeiten, in denen sich die beiden unterscheiden: »Corinne forderte Kritik und Diskussion heraus und kämpfte wie eine Löwin um ihre Ideen«, sie sei dagegen Streit und Komplikationen aus dem Wege gegangen und hätte »die Fliegen lieber mit Honig« gefangen.

Wenn man an Liselotte Pulver denkt, fällt einem sofort ihr legendäres Lachen ein. »Man will mich einfach lachen sehn. Man erwartet es von mir«, erklärte sie Corinne, die das Lachen ihrer Schwester als »Firmenmarke« bezeichnete. Im Leben sei das Lachen von jeher »die Rettung« gewesen – und die »gemeinsame Ader« der beiden Schwestern: Sie konnten sich über dieselben Dinge kaputtlachen, seien es »Spinnen, die einem plötzlich vor der Nase« hingen, »explodierende Staubsauger, moderne Plastiken (Kunst), kaputte Autos« oder »betrunkene Papageien«.

Im Alter von 90 Jahren hat Liselotte Pulver dazu eingeladen, mit ihr zusammen im »Archiv ihres Lebens« zu stöbern. Sie hatte ihr Privatarchiv ein Jahrzehnt zuvor dem Frankfurter Filmmuseum übergeben. Bis unter die Decke gestapelt enthält es Hunderte Aktenordner, Alben und Kartons voll mit Fotos und Zeitungsartikeln, die Liselottes Karriere von den 1940er Jahren, als sie ihre ersten Bühnenerfahrungen machte, bis in die Gegenwart dokumentieren. Und Liselotte ergänzt: »Alle meine Drehbücher finden sich im Archiv, die Filmverträge, die Original-Filmplakate, meine gesamte Privat- sowie Geschäftskorrespondenz, Fanpost, unzählige Briefe« – die meisten davon, wie früher üblich, auf hauchdünnem Pergamentpapier verfasst.

Auf die Frage, ob sie eine Sammlerin sei, hat sie einmal geantwortet: »Ich würde es anders nennen: Ich habe nie etwas weggeworfen.« Ordnung sei für sie ein positiv besetzter Begriff, genau wie Routine. So habe sie immer versucht Ordnung zu schaffen, auch wenn ihr das in Zeiten, in denen sie »regelrecht durchs Leben gehetzt« war, nicht immer gelungen sei. Ihr Bemühen darum spiegelt sich in ihrem Archiv wider – besonders in den Listen, die sie handschriftlich geführt hat und die ihr die Suche nach bestimmten Gegenständen erleichtern.

Einige dieser Gegenstände haben magische Fähigkeiten, denn sie lassen wie aus dem Nichts eine ganze Filmszene vor dem inneren Auge entstehen: die Pantöffelchen, die sie in *Ich denke oft an Piroschka* trug genauso wie die roten Ballerinas aus dem *Wirtshaus im Spessart*. Punkt 17 ihrer Liste regt die Neugier besonders an: »unanständiges Kleid« ist dem Film *Heute heiratet mein Mann* aus dem Jahr 1956 zugeordnet. Es handelt sich um ein Abendkleid mit großem Ausschnitt und noch größerem Rückendekolleté – und zeigte damals so viel Haut, wie man es von Liselotte nicht gewöhnt war. »Ich kann auch so«, lautete ihr Kommentar.

In ihrem Buch *Was vergeht, ist nicht verloren. Drehbuch meines Lebens* (2019) weiht Liselotte die Leserinnen und Leser in ihre Arbeitsweise als Schauspielerin ein: Am Anfang habe für sie »die Kurve« gestanden. So nannte sie die Skizzen, die sie zu jedem Drehbuch anfertigte. Sie arbeitete mit verschiedenen Farben und Symbolen, um die Entwicklung ihrer Rolle – die Höhepunkte, die Verwicklungen und die gleichförmigen Passagen – grafisch darzustellen. Ein Blitz bedeutete: »An dieser Stelle im Film verliebe ich mich.« Die Visualisierung des Drehbuchs nach eigenem System half ihr bei der Erarbeitung ihrer Rolle und beim Lernen des Textes. Über 30 Jahre lang ist sie so verfahren. Eine besondere Herausforderung bildete dabei der Film *Kohlhiesels Töchter* (1962), in dem sie eine Doppelrolle spielte.

Die Kurven der verschiedenen Filme ähneln sich, doch bei *Gustav Adolfs Page* (1960) fällt ein überdimensional großes rotes Herz auf, das eine Bedeutung für sie hat, die weit über den Inhalt des Films hinausgeht: Bei den Dreharbeiten zu diesem Film lernte sie ihren späteren Ehemann Helmut Schmid kennen. Nach all den ›Film-Kurven‹ stellt sich zwangsläufig die Frage, wie sie wohl die Kurve ihres Lebens zeichnen würde.

Prägend für ihre ältere Schwester Corinne war ein Gespenst, von dem ihre Familie heimgesucht wurde. Niemand sprach darüber, aber es war immer präsent: das Gespenst der künstlerischen Begabung. Es hätte seit mehreren Generationen »unbegreiflich und immer wieder von neuem unglückverheißend« sein Unwesen getrieben und »manch einen um den Verstand, nie aber auf einen grünen Zweig« gebracht, so Corinne. Einige ihrer Vorfahren seien davon betroffen gewesen. Sogar dem Silberschmied Georg Adam Rehfues, der im 18. Jahrhundert Berühmtheit erlangt hatte, war man, laut Corinne, mit Misstrauen begegnet. Als gebürtige Bernerinnen waren Liselotte und sie die Gegenwart von Gespenstern gewöhnt. Da gab es das Gespensterhaus in der Junkerngasse, in dem niemand wohnte und dessen Fensterläden immer geschlossen waren. In derselben Gasse lebte Madame Elisabeth de Meuron, die Netze aus Schnüren anfertigte und in ihrer Wohnung spannte, um die Geister ihrer Vorfahren, die die Stadt beherrschten, in ihre Schranken zu weisen.

Familie Pulver hatte ihren ganz eigenen Umgang mit den Geistern ihrer Vorfahren: Man betonte die vorbildliche gutbürgerliche Lebensweise und verschwieg jegliche Abweichung. Das hatte zur Folge, dass den Talenten der Kinder, die eigentlich Grund zur Freude hätten sein können, mit Misstrauen, Angst und Unterdrückung begegnet wurde. Für Phantasie und »Liebe zum Unnützen« wurde kein Verständnis aufgebracht, sodass die beiden Schwestern rebellierten. Als der Vater sich einmal nicht mehr anders zu helfen wusste, suchte er die Berufsberaterin Rosa Neuenschwander auf und bat sie um Rat, wie mit den beiden eigensinnigen Töchtern zu verfahren sei, ohne zu wissen, dass sie sich vehement für Frauenrechte einsetzte. Neuenschwander glaubte, ihren Ohren nicht zu trauen: »Täglich kommen zu mir Eltern, die wollen mir beweisen, dass sie begabte Kinder haben, und Sie haben nun begabte Kinder und wollen mir partout beweisen, dass sie nicht begabt sind.«

Corinne wurde 1927, Liselotte 1929 in Bern geboren. Der Bruder, Emanuel, war 1925 zur Welt gekommen. Ihr Vater Fritz Eugen Pulver war Ingenieur, die Mutter Germaine Sängerin. Liselotte wurde also in eine Familie hineingeboren, in der es schon zwei Kinder gab: »Mein Bruder Emanuel, der Älteste, hatte Immanuel Kant als Namensonkel, meine Schwester Corinne hatte Madame de Staël als Vorbild und ich Liselotte von der Pfalz«, erzählte Liselotte.

Nichts habe in dem »schmucken Reihenhäuschen« der Tillierstraße, im vornehmen Berner Stadtteil Kirchenfeld am 11. Oktober 1927, Liselottes Geburtstag, auf ein Ereignis hingedeutet, berichtete Corinne. »Liselotte war weder sehnlich erwartet noch besonders willkommen, es waren da schon ein hübscher, schwarzgelockter Sohn und eine ebensolche Tochter.« Lustig, brav und scheinbar problemlos sei ihre kleine Schwester gewesen, daher habe man ihr auch kaum Beachtung geschenkt. Die Ehe der Eltern sei »unmöglich«, die Mutter vor allem mit sich selbst beschäftigt, das Zusammenleben im selben Haus mit den Schwiegereltern unerträglich gewesen. Obwohl die Mutter vom Haushaltsgeld heimlich etwas für Gesangsstunden abzweigte, hatte sie den Plan, Sängerin zu werden, längst aufgegeben. Während sie sich für Corinne und ihren Bruder noch Zeit genommen hatte, blieb für das jüngste Kind keine mehr übrig. So empfand es Corinne, während Liselotte ihre Kindheit als glücklich bewertete und keine Klagen äußerte. Corinne beobachtete, dass ihre Schwester von klein auf das »Modell der intakten Welt«, das die Familie zusammenhielt, akzeptierte und niemals hinterfragte. So habe sie früh gelernt, das Unangenehme, Unschöne zu verdrängen. »Denn niemand gab ihr ja Gelegenheit, einmal hinter die Kulissen zu schauen.«

Als sie sechs und Liselotte vier Jahre alt war, kaufte der Vater mit Hilfe seiner Mutter, die ihm einen Vorschuss auf sein Erbteil gegeben hatte, ein Haus für die Familie. Es lag in keiner feinen Gegend, sondern zentral in der Nähe des Bahnhofs und war von einem verwilderten paradiesischen Garten umgeben. Doch für die beiden Schwestern hatte das Paradies Schattenseiten: »Unsere ganze Kindheit ist gezeichnet durch den Zwang zu verhasster Gartenarbeit, jede freie Minute mussten wir dafür opfern, einen großen Garten zu besitzen.« Das »Schlimmste und Demütigendste« sei es für sie und Liselotte gewesen, wenn sie im Herbst das Laub zusammenfegen und mit dem selbstgezimmerten Leiterwagen des Vaters zum Komposthaufen bringen mussten. Sie hätten sich in Grund und Boden geschämt, weil sie glaubten, dass die anderen Kinder keine derartige Arbeit verrichten mussten und mit den Fingern auf sie zeigen würden.

Corinne fühlte sich eingezwängt zwischen zwei Geschwistern, die beide mit extremen Mitteln um Aufmerksamkeit buhlten. Der Bruder neckte und plagte seine Schwestern, wo er nur konnte; Liselotte versteckte sich gerne hinter Türen und Vorhängen, um Vorbeikommende zu erschrecken, ihnen an den Hals zu springen, sie heftig zu küssen und sofort wieder zu verschwinden.

Nach und nach verliebte sich Liselotte in die Untermieter, die eine Zeitlang im Haus wohnten, und ergriff auf diese Weise die Chance, ein neues Publikum zu gewinnen. Am besten gelang es ihr bei dem Studenten Rudolf Gnägi, der vier Jahre als ›Zimmerherr‹ im Haus der Familie Pulver lebte. (Er sollte später Verkehrs- und Verteidigungsminister werden und zweimal das Amt des Bundespräsidenten der Schweiz bekleiden.) Sobald sie Glenn Millers *In the Mood* in voller Lautstärke auf dem Grammophon spielte, klopfte er an ihrer Tür und bewegte sich »mit strahlenden Augen und ebensolchen frisch geputzten schwarzen und spitzen Schuhen« zum Takt, während Liselotte »trällernd und wie wild mit sämtlichen Gliedmaßen« im Kreise tanzte. Doch galt sein Interesse ausschließlich der Musik und nicht der expressiven Tänzerin. Nachdem der letzte Ton aus Glenn Millers Posaune verklungen war, verließ er das Zimmer und verschwand hinter seinen Büchern.

Während ihre jüngste Tochter sich vom Jazz betören ließ, widmete sich die Mutter, wann immer sie konnte, dem Gesang und nahm weiterhin Unterricht. Das hatte zur Folge, erinnerte sich Corinne, dass die Kinder »in geradezu avantgardistischer, moderner Freiheit und einer grandiosen Unordnung« groß wurden. Für sie sei es immer wieder erstaunlich, zu beobachten, wie unterschiedlich Geschwister, die in den gleichen Verhältnissen aufwuchsen, darauf reagierten. In ihrem eigenen Fall ganz besonders: Entweder sie würden versuchen, den Mangel an Geborgenheit zu verdrängen und sich eine harte Schale zuzulegen, um ihren weichen Kern zu schützen, oder aber sie würden ein Leben lang verzweifelt an anderen Orten nach Wärme und Geborgenheit und Liebe suchen. Lieselotte gehörte zu den Ersteren. Sie habe versucht, »ihre Ängste und Sorgen mit Kraftproben zu überwinden und mit dieser krampfhaften Lustigkeit ›schönes Wetter‹ zu machen.«

1961 heiratete Liselotte Pulver den Schauspieler Helmut Schmid. Sie bekamen zwei Kinder, Marc-Tell wurde 1963, Melisande 1968 geboren. Melisande sollte 1989 durch Suizid sterben. Vier Jahre später würde Corinne das Buch *Melisandes Tod. Bericht und Betroffenheit* veröffentlichen, in dem sie sich mit dem Tod ihrer Nichte vor dem Hintergrund der eigenen Familiengeschichte und der gesellschaftlichen Situation Jugendlicher im Allgemeinen auseinandersetzt. Dabei sei es ihr nicht um Schuldzuweisungen, sondern vielmehr darum gegangen, die Aufmerksamkeit auf die Situation junger Menschen zu richten, wie sie im »Offenen Brief an meine Schwester« erklärt, mit dem das Buch beginnt. Auf die Anklagebank gehöre unsere Gesellschaft, die uns in einen »infernalischen Geld- (Geltungs-!) und Leistungsdruck« einspanne, so dass wir nur noch mitgerissen und -getrieben würden wie »Körnchen in einer Mühle.« Wir wären nicht einmal mehr in der Lage, »unsere Kinder vor Drogen, Selbstmord und anderem Unglück zu bewahren.«

Auch Corinne bekam zwei Kinder: Ninon wurde 1959 geboren (ihr Vater ist der Verleger Siegfried Unseld); Manon kam 1965 zur Welt (ihr Vater ist der Regisseur und Produzent Michael Pfleghar). Martin Walser, mit dem Corinne eine Zeitlang eine Beziehung hatte, war der Pate ihrer Tochter Ninon. In einem Artikel in der WELT wehrte sie sich gegen das Klischee der »bloß Geliebten«, das in einigen Biografien über Unseld und Walser von ihr gezeichnet wurde. Tatsächlich sei sie sowohl von Martin Walser als auch von Siegfried Unseld »mit geradezu umwerfender Selbstverständlichkeit als Intimfreundin und stets vorhandene Schattenfrau im Hintergrund behalten« worden, was sie akzeptiert und wovon sie profitiert habe: Gerade Walser habe aus der »eleganten und urbanen« (so Walser) Schweizerin eine ebenbürtige Gesprächspartnerin gemacht, dabei sei sie in Wahrheit eher naiv, scheu und im Vergleich zu ihren Kollegen in der Fernsehredaktion ungebildeten gewesen.

»Verliebt war ich oft – geliebt habe ich nur einmal«, bekennt Liselotte im *Drehbuch meines Lebens*. Mit ihrer großen Liebe, Helmut Schmid, war sie 31 Jahre lang verheiratet; Schmid sollte 1992 nach langer Krankheit an einem Herzinfarkt sterben. »Ich wollte immer das Nonplusultra«, bekannte Liselotte, »er war mein Nonplusultra«. Doch nachdem sie sich 1960 verlobt hatten, war es zunächst gar nicht so einfach gewesen, einen passenden Hochzeitstermin zu finden, der sich mit ihren beruflichen Terminen, darunter die Jurymitgliedschaft bei den Filmfestspielen in Cannes, in Einklang bringen ließ. Ausgewählt wurde der 22. Juli 1961. Bereits im Juni sollten die Dreharbeiten zu *Eins, zwei, drei* beginnen, und Liselotte bat den Regisseur, ihren Hochzeitstermin bei der Planung der Drehtermine zu beachten, was er ihr zusagte. Doch fünf Tage vor der Hochzeit war es notwendig geworden, den Drehplan zu ändern, so dass sie am 22. Juli vor der Kamera stehen musste. Liselotte war am Boden zerstört. Was sollte sie tun? »Die Hochzeit absagen oder Billy Wilder einen Korb geben? Meine vielleicht letzte Chance auf Hollywood sausen lassen?« Die souveräne Reaktion ihres Verlobten sorgte schließlich für Entspannung: Die Hochzeit wurde auf den 9. September verschoben.

Eins, zwei, drei eröffnete Liselotte die Chance, endlich eine Rolle zu spielen, die sie schon in der Schule für sich erträumt hatte: eine Sexbombe. Es war niemand Geringeres als der berühmte, aus Österreich stammende, in die USA emigrierte Regisseur Wilder, der ihr das zutraute. Er selbst ließ sich nicht auf ein bestimmtes Genre festlegen; von ihm stammen sowohl dramatische Werke, die dem Film Noir zuzuordnen sind, als auch hinreißende Komödien wie *Sabrina* (1954) und *Manche mögen's heiß* (engl. *Some Like It Hot*, 1959). Als Autor, Produzent und Regisseur wurde er 21-mal für einen Oscar nominiert und sechsmal damit ausgezeichnet. 1961, als er schon mit den Vorbereitungen für *Eins, zwei, drei* beschäftigt war, erhielt sein Film *Das Apartment* (1960) drei Oscars. Mit ihm zu arbeiten, galt als Ritterschlag und Karrieresprung. Lieselotte bewarb sich für die Rolle der Ingeborg, der Sekretärin und Geliebten des Westberliner Coca-Cola-Chefs, und war in ihren Vorbereitungen auf das Casting wie immer gründlich, nahm extra Tanzunterricht und ließ ihrer Phantasie freien Lauf: »Als ich

Wilder vortanzte, stellte ich mir einfach vor, ich sei jetzt Marilyn Monroe.« Mit hautengem Rock und ausgestopfter Bluse lieferte sie eine ›Parodie von Sex‹, die den Regisseur überzeugte. Stolz war sie über seine Aussage, er habe sie geschätzt, weil sie »so gut wie Monroe und so lustig wie MacLaine gewesen sei und außerdem noch so diszipliniert wie beide zusammen nicht«.

Rückblickend schmunzelt sie: »Dass Fräulein Ingeborgs wilde Tanzeinlage zum ›Säbeltanz‹ einmal in die Filmgeschichte eingehen würde, ahnte ich natürlich nicht.« Brennende Fackeln in den Händen haltend, tanzt Ingeborg vor russischen Delegierten barfuß auf dem Tisch. Untrennbar verbunden mit dieser Rolle ist Ingeborgs Kleid: weiß mit großen schwarzen Punkten. Zu den Dreharbeiten war es dreifach angefertigt worden: das Original, ein Ersatzmodell und eins – mit anderen Maßen – für ihren Kollegen Hanns Lothar, mit dem sie in einer Szene die Rolle tauscht. Nachdem alle drei Kleider jahrzehntelang verschwunden waren, fand man sie schließlich im Kostümfundus der Film- und Theaterausstattung der Bavaria Studios wieder. In der dortigen ständigen Ausstellung »Filmstadt Atelier – 100 Jahre Film und Fernsehen« ist Ingeborgs Kleid als eins der populärsten Exponate zu sehen.

Gelernt habe sie viel bei der Arbeit mit Billy Wilder, dessen Perfektionismus mit ihrem korrespondierte, berichtete Liselotte. So habe er ihr für die Tanzszene präzise Anweisungen gegeben, was Schritte und Drehungen betraf, und die Requisiten auf dem Tisch – Geschirr, Besteck, Gläser, Flaschen – millimetergenau ausrichten lassen. Seine Aufforderung »Once again« war der Satz, der während der Dreharbeiten am häufigsten fiel und dem sie gerne folgte, wie sie überhaupt das Filmen liebte und dem Theaterspielen vorzog. »Es gibt einem eine richtige Befriedigung, wenn man einen Film fertiggedreht hat, ihn anschauen kann und denken: Um Gottes willen, diese Anstrengung!«, erklärte sie ihrer Schwester. Beim Theater sei die Leistung in dem Moment, wo die Vorstellung zu Ende ist, verschwunden, »man kann sie nicht anschauen, nicht dabei verweilen«. Auf Corinnes Frage nach ihren beruflichen Erfolgen beteuerte Liselotte, dass sie mit ihrer Karriere sehr zufrieden sei, es jedoch bedauere, keinen Oscar bekommen zu haben – »jeder Filmschauspieler, der ehrlich ist, hat das Ziel, einen ›Oscar‹ zu bekommen.« ❖

Gudrun und Christiane Ensslin

❖ Zwei junge Frauen sitzen sich im Besuchsraum eines Gefängnisses gegenüber. Phasen des Schweigens wechseln sich ab mit heftigen lauten Auseinandersetzungen, die vermuten lassen, dass keine Verständigung möglich ist. Doch beim Abschied flüstert die Gefangene ihrer Besucherin zu: »Dein Pullover ist schön. Gib ihn mir.« Der Tausch vollzieht sich mit großer Selbstverständlichkeit und in Windeseile. In den Augen der Inhaftierten ist plötzlich so etwas wie kindliche Freude zu sehen. Man spürt, dass es nicht das erste Mal ist, dass die beiden Frauen ein Kleidungsstück miteinander teilen – so wie es nur Schwestern tun.

Es handelt sich um eine Szene aus Margarethe von Trottas Film *Die bleierne Zeit* (1981), der das Leben der Ensslin-Schwestern Gudrun und Christiane zum Inhalt hat. Christiane hatte die Filmemacherin auf der Beerdigung von Andreas Baader, Jan-Carl Raspe und ihrer Schwester kennengelernt. Die führenden Köpfe der ersten Generation der Roten Armee Fraktion (RAF) wurden am 27. Oktober 1977 in einem Gemeinschaftsgrab auf dem Dornhaldenfriedhof in Stuttgart beigesetzt.

Margarethe von Trotta war zusammen mit den Regisseuren Alexander Kluge und Volker Schlöndorff für Aufnahmen zu dem Film *Deutschland im Herbst* (1978) nach Stuttgart gekommen. Sie erzählt, sie sei von Christiane so fasziniert gewesen, dass sie die Begegnung mit ihr in ihrem Tagebuch vermerkt habe, ohne daran zu denken, dass daraus ein Film entstehen könnte. Danach sei aus der Faszination eine enge Freundschaft geworden. »Ich bewundere Christiane: Diese Frau, die in der Öffentlichkeit nur als die ›Ensslin-Schwester‹ gilt, macht mich betroffen und fordert mich so stark heraus, dass sie nicht nur meinen Film, sondern auch mich sehr stark inspiriert hat.«

Im Sommer 1978 fragte sie Christiane, ob sie sich vorstellen könne, an einem Film über sich und ihre Schwester mitzuarbeiten. Christiane stimmte zu und tauchte mit ihr gemeinsam in ihre Kindheit ein. Zusammen besuchten sie Bartholomä, Christianes und Gudruns Heimatort am östlichen Rand der Schwäbischen Alb, an dem sie Jahrzehnte lang nicht mehr gewesen war. Dort kam es zu einem bewegenden Wiedersehen mit Georg Baur, einem schwerbehinderten Bauern, dem Christiane als Kind bei der Landarbeit geholfen hatte. Als er die Haustür öffnete und Christiane vor sich stehen sah, begrüßte er sie auf Albschwäbisch mit der Frage »Chrischtl, bisch keret?« (›Christl, hast du geheiratet?‹) Er hatte sie nach 25 Jahren sofort wiedererkannt.

Christiane Ensslin wurde als drittes Kind von Ilse, geb. Hummel, und Helmut Ensslin am 7. Juni 1939 in Schwäbisch Gmünd geboren. Gudrun kam am 15. August 1940 zur Welt. Wie die älteren Brüder, Michael und Ulrich, und die jüngeren Geschwister, Johanna und Gottfried, wurde sie in Bartholomä geboren, wo ihr Vater von 1936 bis 1948 Pfarrer war. 1955 folgte das siebte Kind, Ruth. Da lebte die Familie bereits in Tuttlingen.

In der Öffentlichkeit hält sich die Vorstellung von Gudrun und Christiane als puritanisch erzogene evangelische Pfarrerstöchter, die in einem prüden Elternhaus aufgewachsen sind, obwohl Christiane nicht müde wurde, dieses zu dementieren. Helmut Ensslin war keineswegs ein pietistisch ausgerichteter Theologe, sondern fühlte sich der dialektischen Theologie von Karl Barth zugehörig. Zu seiner Haltung im Nationalsozialismus erklärte Helmut Ensslin 1972 in seinem Notizbuch: »Was Luise Rinser in ihrem Tagebuch *Grenzgänge* über mich als Vater von Gudrun Ensslin schreibt, ist gut gemeint, aber maßlose Übertreibung: Ich war kein Widerstandskämpfer im 3. Reich à la Bonhoeffer etc., sondern ein kleiner unbedeutender Dorfpfarrer.« Unter anderem habe ihm die Lehre Barths geholfen, der »Feld-Wald-Wiesen-Theologie der DC (Deutsche Christen) nicht zu verfallen, kein PG (Parteigenosse) zu werden und in den Predigten kritische Distanz zu halten«.

Über das Alltagsleben im Pfarrhaus konnte die Haushaltshilfe Irmel berichten, die 1946 kurz vor der Geburt Gottfrieds zusätzlich zur Haushälterin eingestellt worden war. Sie schickte ausführliche Briefe an ihre Eltern, in denen sie von den Ensslin-Kindern erzählte. »Es sind herzige Kinder, die beiden Ältesten sind Buben mit 8 und 7 Jahren, schmale Blondköpfe, dann kommen drei Mädels mit 6, 5 und 3 Jahren«, heißt es, kurz nachdem sie ihre Stelle in Bartholomä angetreten hatte, und zehn Tage später:

Und nun muss ich Euch noch sagen, dass ich hier ganz glücklich bin. Mit Frau Pfarrer verstehe ich mich so arg gut und die Kinder sind meine besten Freunde. Tagsüber hab ich fast immer mit den Kindern zu tun, aber schon um 6 ½ / 7 Uhr wird zu Abend gegessen und die Kleine warm ins Bett geschafft. Dann sitz ich mit Frau Pfarrer beim Flicken und wir besprechen alles Mögliche. Später kommt allemal noch Herr Pfarrer und liest uns vor.

Ihre besondere Zuneigung galt der Mutter. »Frau Pfarrer ist ein ganz feiner Mensch«, schwärmte sie. Man könne »von ihr sicher viel lernen, vor allem in der Kindererziehung«. Sie habe »so eine fabelhafte Art mit den Kindern umzugehen, dass sie mit einem Blick oder einem stillen

Wort die ganze wilde Bande zur Ruhe bringt. Ich kann da nur staunen.« Irmel liebte die Kinder, und die Kinder liebten sie, wie ihr der herzliche Empfang im Pfarrhaus bei ihrer Rückkehr von einem Besuch bei den Eltern zeigte:»Christel sagte: ›Ich freue mich so, dass Schwester Irmel wieder da ist.‹ Gudrun: ›Schwester Irmel isch mei Freundin.‹ Und Michael sagte ganz trocken: ›Die Mutter kann aber froh sein, dass Schwester Irmel wieder da ist.‹«

Christiane erinnerte sich gerne an die letzten Kriegsjahre in Bartholomä, in denen die Frauen das Dorfleben organisierten und eine Gemeinschaft praktizierten, wie sie ihr wünschenswert erschien. Zusammen backten sie in einem Ofen am Dorfteich das Brot für die ganze Woche. Sie teilten alles miteinander. Am Sonntag heizten sie nur eine Kirche, entweder die katholische oder die evangelische, und feierten dort gemeinsam den Gottesdienst – allerdings nur bis die Männer aus dem Krieg zurückkamen. Es dauerte nicht lange, bis Katholiken und Protestanten wieder getrennte Wege gingen.

Helmut Ensslin hatte sich 1942 zum Wehrdienst gemeldet. Sein Sohn Gottfried vermutete, er habe Nachstellungen durch die Gestapo entgehen wollen, während Christiane meinte, er habe wohl nicht der einzige Mann im Dorf sein wollen. Kurz vor Kriegsende setzte er sich mit einer kleinen Gruppe von Kameraden aus seiner Einheit ab und marschierte mit ihnen zu Fuß nach Hause. Christiane entdeckte ihn als Erste: Sie schaute aus einem Fenster im oberen Stockwerk des Pfarrhauses und sah einen Mann auf ihr Haus zukommen. Schon von Weitem erkannte sie ihn, rannte auf ihn zu und rief:»Der Vater kommt, der Vater kommt!«

Als Christiane 1945 eingeschult wurde, wollte Gudrun unbedingt mit ihr zusammen in die Schule gehen. Sie setzte sich durch und durfte als Fünfjährige neben ihrer großen Schwester die Schulbank drücken und am Unterricht teilnehmen. Im selben Klassenzimmer – es war das einzige in der Volksschule von Bartholomä – saßen auch die älteren Brüder.

Die Kriegszeit und Nachkriegszeit waren für Christiane und Gudrun prägend. Sie wuchsen ohne Luxus, aber in relativer Freiheit und Naturverbundenheit auf, waren früh selbstständig und lernten zu improvisieren, mit anderen zu teilen und sich den Gegebenheiten anzupassen. So war es selbstverständlich, dass sie den Sommer über barfuß zur Schule gingen. Gastfreundschaft und Hilfsbereitschaft wurden im Hause Ensslin großgeschrieben.

Ein unvergessliches Ereignis war für Christiane, als eines Tages im Jahr 1945 amerikanische Soldaten ins Dorf kamen und sie zum ersten Mal in ihrem Leben einen »schwarzen Mann« sah. Da war sie sechs Jahre alt. »Er muss ziemlich jung gewesen sein, er ritt auf einem Pferd ins Dorf. Kam ins Pfarrhaus und fand einen Gugelhopf auf dem Schrank, den meine Großmutter (die Mutter meiner Mutter) gebacken hatte, weil mein großer Bruder Geburtstag hatte.« Als er den Kuchen mitnehmen wollte, sei ihre Großmutter beherzt eingeschritten und habe ihn energisch daran gehindert mit den Worten: »No! No! I hope you are a gentleman.« Dann habe sie ihm mit Handzeichen vermittelt, dass er den Kuchen wieder zurückstellen solle. »Und er hat das tatsächlich gemacht«, staunte Christiane. »Großmutter bedankte sich höflich dafür. Später durfte ich mit ihm auf dem Pferd durchs Dorf reiten, das fand ich herrlich, auch weil der Mann so fröhlich lachte.«

Nicht so erfreulich war hingegen das, was Christiane über ihre Schulzeit erzählte. Sie mochte die Schule nicht, in der Lehrer unterrichteten, die unverhohlen der Naziideologie frönten und körperliche Züchtigung als Erziehungsmittel einsetzten. Eine Genugtuung war es für Christiane, als ihre Mutter einmal in die Schule kam und den Lehrer zur Rede stellte, der sie mit einem Lineal fest auf die Hände geschlagen hatte: »Sie schlagen meine Kinder nicht!«

In der Schule galt Christiane als die Laute und Widerständige; Gudrun als die Stille und Angepasste. Im Grunde führten die beiden Schwestern schon damals ein unterschiedliches Leben, so Christiane. Gudrun sei sehr gut in der Schule gewesen, »das typische brave Kind, und ich war die Rebellin. Sie hatte lange Zöpfe, wie das damals so üblich war, und ich hatte mir die Haare kurz geschnitten.«

Schon früh erwachte Christianes Interesse für die Benachteiligten in der Gesellschaft. Ende des Krieges besuchte sie mit ihrer Mutter erstmals den jungen Landwirt Georg Baur im Krankenhaus von Schwäbisch Gmünd. Er lebte zusammen mit seiner Mutter auf seinem Hof in Bartholomä. Nach einer schweren Kriegsverletzung in Stalingrad war ihm ein Bein erfroren und hatte amputiert werden müssen. Christiane freundete sich mit ihm an und half ihm bei der Arbeit. Morgens vor dem Frühstück versorgte sie die Tiere und sammelte im Hühnerstall die Eier ein. Sie durfte auf den Pferden und Ochsen reiten und lernte viel über den Umgang mit Tieren. Doch vor allem entwickelte sie ein tiefes Verständnis für das Leiden des jungen Mannes. Einmal sei sein Schmerz so groß gewesen, dass er draußen auf dem Feld die Beinprothese abgenommen und weit von sich geworfen habe. Sie brachte sie ihm zurück.

1948 zog die Familie Ensslin nach Tuttlingen in die Freiburgstraße 44. Im selben Gebäude wohnte der Dekan Lachenmann mit seiner ebenfalls großen Familie, aus der der Komponist Helmut Lachenmann stammt. Seine Schwester Elisabeth war so alt wie Gudrun, die beiden gingen in dieselbe Klasse und wurden Freundinnen. Helmut charakterisierte Gudrun als »kess, lustig, hochbegabt in der Schule«. Das Haus, in dem die zwei Pfarrersfamilien Ensslin und Lachenmann lebten, war nicht nur ein christliches, sondern vor allem ein musikalisches: Fast alle Kinder spielten ein Instrument. Gudrun und Elisabeth bekamen Geigenunterricht und sangen im Chor. Sie freuten sich, wenn der begabte Helmut sie auf dem Pianino begleitete.

In seinem Werk *Das Mädchen mit den Schwefelhölzern*, das 1997 an der Staatsoper Hamburg uraufgeführt wurde, verwendete Helmut Lachenmann unter anderem Texte von Hans Christian Andersen, Leonardo da Vinci und Gudrun Ensslin. Er hatte dieses Werk der »öffentlichen Kälte« gewidmet, die den modernen Gesellschaften innewohnt.

»Das kleine Mädchen in Andersens Märchen mitsamt seiner glücklichen Himmelfahrt ist in Wirklichkeit ›verreckt‹, erfroren an meteorologischer ebenso wie an gesellschaftlicher Kälte.« Der Text Gudrun Ensslins beginnt mit den Worten: »Der Kriminelle, der Wahnsinnige, der Selbstmörder – sie verkörpern diesen Widerspruch. Sie verrecken in ihm. Ihr Verrecken verdeutlicht die Ausweglosigkeit, Ohnmacht der Menschen im System …« Helmut Lachenmann erwähnte die idealistischen Erwartungen, die Gudrun an die Gesellschaft, in der sie lebte, hatte. Die eigene Hilflosigkeit angesichts des eskalierenden Vietnamkriegs, der faschistischen Diktaturen und der Armut in der Dritten Welt konnte sie ebenso wenig ertragen wie den Umgang mit den demonstrierenden protestierenden jungen Menschen, die von der Regierung mit Wasserwerfern und Knüppeln bekämpft und undifferenziert kriminalisiert wurden.

Im März 1954 wurden Christiane und Gudrun konfirmiert. Christiane nahm am deutsch-französischen Schüleraustausch teil und wurde in Paris von einer jüdisch-algerischen Gastfamilie aufgenommen. Dadurch wurde sie schon früh mit dem Algerienkrieg konfrontiert.

Zurück in Tuttlingen, sahen Christiane und Gudrun Alain Resnais' Film *Nacht und Nebel* (1956), der im Gemeindehaus der Lutherkirche in Tuttlingen gezeigt wurde. Die Dokumentation über die nationalsozialistischen Konzentrationslager war der erste Film zu diesem Thema, der in Deutschland von einem größeren Publikum gesehen wurde. Die beiden Schwestern wurden gemeinsam mit dem Unvorstellbaren konfrontiert.

Im Oktober 1958 zog die Familie Ensslin nach Stuttgart-Bad Cannstatt, wo der Vater Pfarrer der Lutherkirche wurde. Gudrun ging als Austauschschülerin des International Christian Youth Exchange in die USA – erste Schritte hinaus aus der schwäbischen Provinz. Christiane besuchte ein Mädchengymnasium in Stuttgart – doch nur für kurze Zeit: Nachdem sie von einer Mitschülerin unaufhörlich wegen ihres albschwäbischen Dialekts gemobbt worden war, hatte sie sich nicht anders zu helfen gewusst, als zuzuschlagen, so dass sie von der Schule verwiesen wurde. Das Kapitel Schule war daraufhin endgültig für sie beendet. Nach einer eineinhalbjährigen Ausbildung arbeitete sie als Vermessungstechnikerin, zunächst in Stuttgart, dann in Goslar, ehe sie schließlich nach Köln ging, um sich mit verschiedenen Jobs über Wasser zu halten.

1964 begann sie ihre Laufbahn im journalistischen Bereich als Redaktionsassistentin im Deutschen Sportverlag in Köln, für den sie fast zehn Jahre lang tätig sein sollte. Christiane wohnte zunächst in einem Mädchenwohnheim und dann zur Untermiete. Als ihr Bruder Ulrich einmal für einige Tage zu Besuch kam, schritt ihre Zimmerwirtin ein und untersagte es ihr mit der Begründung: »Keine Männerbesuche!«

Mit Christianes Umzug nach Köln hatten sich die Wege der Schwestern getrennt. Gudrun hatte nach dem Abitur Anglistik, Germanistik und Pädagogik in Tübingen studiert und war 1964 für ein Germanistikstudium nach Berlin gegangen. Im März 1965 gab sie ihre Verlobung mit Bernward Vesper bekannt. Sie hatte ihn während des Studiums in Tübingen kennengelernt. Die Feier fand Ostern im Cannstatter Ballsaal statt. Zwei Jahre später, am 13. Mai 1967, wurde ihr Sohn Felix geboren. Sein Patenonkel war Rudi Dutschke. Im selben Jahr lernte Gudrun in Berlin Andreas Baader kennen und trennte sich von Bernward Vesper. Nach ihrer Verhaftung im April 1968 lebte Felix zunächst bei seinem Vater und dann bei Pflegeeltern in Undingen auf der Schwäbischen Alb. Bernward Vesper nahm sich 1971 das Leben.

Wie für viele Studierende ihrer Generation markierte für Gudrun der Tod Benno Ohnesorgs – er wurde am 2. Juni 1967 während einer Demonstration gegen den Schah-Besuch in Berlin von einem Polizeibeamten erschossen – einen Wendepunkt. »Schah – Kurras – Ohnesorg, das ist jedenfalls die kürzeste Erklärung«, schrieb Gudrun am 26. September 1972 an Christiane. Hatte sie zunächst in Berlin selten an Demonstrationen teilgenommen, weil sie intensiv mit ihrer Dissertation über den deutschen Schriftsteller Hans Henny Jahnn beschäftigt war, so führte dieses Ereignis dazu, über die eigene Stellung in der Gesellschaft nachzudenken und zu entscheiden, was wichtig war und in Zukunft wichtig sein sollte. Wissenschaft und Widerstand schienen unvereinbar.

Im April 1968 wurde Gudrun Ensslin wegen Brandstiftung in den Frankfurter Kaufhäusern Schneider und Kaufhof zusammen mit Andreas Baader, Thorwald Proll und Horst Söhnlein verhaftet und zu drei Jahren Zuchthaus verurteilt. Sie verstanden ihre Aktion als Protest gegen den Konsum und den Krieg in Vietnam. Wenige Tage später wurde Rudi Dutschke Opfer eines Attentats.

Christiane hörte während der Arbeit im Radio von der Verhaftung ihrer Schwester. Es war eine Weile her, dass sie sich getroffen hatten. Sie fuhr sofort nach Frankfurt, um sie zu sehen. Als sie im dortigen Polizeipräsidium den Aufzugsknopf drückte, öffnete sich der Lift – und vor ihr stand Gudrun mit zwei Beamten an ihrer Seite. Gudrun ging »mit einem großen Lächeln« auf ihre Schwester zu und sagte: »Ich bin wirklich glücklich.« Christiane verstand zu diesem Zeitpunkt nicht, was sie ihr damit sagen wollte – auch nicht, als Gudrun zu erklären versuchte, dass der Brand ein Feuer für Vietnam war. Erst viel später, als sie in der Prozesserklärung ihrer Schwester die Worte las: »Ich will etwas dagegen getan haben«, ahnte sie, was diese bei der Begegnung am Fahrstuhl gemeint hatte. Während der Gerichtsverhandlung erklärte Gudrun, man habe auf den Völkermord in Vietnam aufmerksam machen, aber keine Menschen gefährden wollen. »Wir haben gelernt, dass Reden ohne Handeln Unrecht ist.« Bei dem Prozess war die spätere Führungsebene der RAF zusammengekommen: Andreas Baader und Gudrun Ensslin auf der Anklagebank, Horst Mahler als Rechtsanwalt und Ulrike Meinhof als Kolumnistin der Zeitschrift konkret.

Nachdem die vier Angeklagten sich wieder auf freiem Fuß befanden, ihre Revision aber abgelehnt worden war, tauchten sie unter und flüchteten nach Italien. Andreas Baader wurde Anfang 1970 kurz nach seiner Rückkehr in Berlin verhaftet und im Mai desselben Jahres von Gudrun und einigen anderen RAF-Mitgliederinnen und Mitgliedern, darunter Ulrike Meinhof, befreit. Im Sommer 1970 hielt sich Gudrun in Jordanien auf, wo sie sich zur Guerillakämpferin ausbilden ließ. Damit zog sie endgültig den Schlussstrich unter ihr bisheriges Leben. Von nun an hatte sie keine Wahl mehr. Sie musste im Untergrund leben. Doch nicht nur für Gudrun, auch für Christiane war es eine extrem belastende Zeit. Sie fürchtete um das Leben ihrer Schwester, fand keine Ruhe und wurde krank vor Angst.

Nach Banküberfällen und Sprengstoffanschlägen wurde Gudrun am 7. Juni 1972, Christianes 33. Geburtstag, in Hamburg festgenommen und in der JVA Essen inhaftiert. Vom 5. Februar bis 28. April kam sie in die JVA Köln-Ossendorf und anschließend in die JVA Stuttgart-Stammheim.

In dieser Zeit kamen sich die Schwestern wieder näher. In einem Interview mit einem italienischen Magazin schilderte Christiane, wie stark ihr Leben durch ihre Schwester bestimmt wurde: »Von einem auf den anderen Tag. Dinge, die ich nur aus Büchern kannte, sind Teil meines Lebens geworden.« Sie habe Gudrun in der ersten Zeit ihrer Inhaftierung als sehr stark empfunden, »stärker als ich draußen. Mein Leben hat sich komplett geändert. Ferien, Geld, Zeit: alles wurde in Knastbesuche gesteckt.« Ständige Hausdurchsuchungen, ständige Observationen durch die Polizei waren an der Tagesordnung. Dazu immer wieder Anfeindungen wegen ihres Namens. »Eine ziemlich dramatische Situation, die alle Angehörigen von politischen Gefangenen erleben.«

Doch es gab nicht nur negative Veränderungen, sondern auch positive. Dazu zählte der intensive Briefwechsel der Schwestern. Gudruns Brief vom 26. September 1972 an die »liebe Diddel«, wie Christiane in der Familie genannt wurde, beginnt mit den Worten: »Was für ein Brief!« und vergleicht die Korrespondenz der Schwestern mit dem gemeinsamen gegenseitigen Leibchenzuknöpfen aus Kindertagen »morgens, vor der Schule, in Tuttlingen«, was sie im Gästezimmer getan hatten, wo es wärmer als im Schlafzimmer gewesen war. Dann kam Gudrun auf das Ereignis zu sprechen, das zur Trennung der beiden geführt hatte: »du Mittelschule, ich Oberschule, bzw. dem falschen Bewusstsein davon, dass das wichtig wäre«. Natürlich sei es »wichtig im bürgerlichen Sinn« gewesen, »die Konkurrenz-Ideologie«. Diese hatte sie selbst zu spüren bekommen, als sie, zusammen mit Bernward Vesper, in der Berliner Kulturszene Fuß zu fassen versucht hatte. Am Ende des Briefes lehnte sie weitere Besuche ihrer jüngeren Schwester Ruth ab und wand sich direkt an Christiane mit dem Wunsch: »DU sollst mich besuchen.« Die Wünsche, die sie in ihren Briefen äußerte, wurden mehr und mehr zu Anordnungen. Eine neue Rolle für Christiane, die nicht gewöhnt war, ihren Geschwistern zu gehorchen. Sie hatte innerhalb der Familie immer eine Sonderstellung eingenommen als diejenige, die Streitigkeiten schlichtete, bei Konflikten – auch mit den Eltern – vermittelte und als Ratgeberin fungierte.

Gudruns Briefe an Christiane enthalten ein Nebeneinander von Alltagsschilderung, theoretischer Reflektion, Anklage, Agitation und konkreten Wünschen nach genau beschriebener Kleidung und ausgewählter Kosmetik – eine Mischung, wie sie wohl vor allem in der Korrespondenz von Schwestern vorkommt. Warme Kleidung, vor allem Strümpfe, brauchte Gudrun, die immer fror. Bestimmte Bücher benötigte sie, um sich intellektuell weiterzuentwickeln, andere, um sich zu stärken. Mit exquisiten Kosmetika bot sie der Trostlosigkeit die Stirn: Verheißungsvolle Namen wie Orlane, Rubinstein, Payot repräsentierten Schönheit und Weltläufigkeit, die sie in ihrem Gefängnisalltag schmerzlich vermisste. Sie wollte die Erinnerung daran nicht verlieren.

Im August 1973 gründete Christiane zusammen mit Peter Stankowski das Kölner Komitee gegen Isolationshaft, das von Dorothee Sölle, Heinrich Böll und Günter Wallraff unterstützt wurde. Ende September beendete sie ihre Arbeit beim Sportverlag. Als sie erfuhr, dass Alice Schwarzer in Köln eine Frauenzeitschrift gründen wollte, bewarb sie sich. Von September 1976 bis März 1978 bildete sie zusammen mit Alice Schwarzer, Sabine Schruff und Angelika Wittlich das Redaktionsteam der *Emma*. Am 26. Januar 1977 ging die »erste Frauenzeitschrift für Frauen von Frauen« mit einer Auflage von 200 000 Heften an den Start. Sie war so schnell vergriffen, dass 100 000 Exemplare nachgedruckt wurden. Im nächsten Jahr verließ Christiane die *Emma* und arbeitete im Verlag Franz Greno als Korrektorin, Lektorin und Herausgeberin.

Während ihres Urlaubs in Sizilien im Herbst 1977 erfuhr Christiane von den dramatischen Ereignissen in Stammheim: Am Morgen des 18. Oktober waren Gudrun erhängt und Andreas Baader erschossen in ihren Zellen gefunden worden; Jan-Carl Raspe war nach einer Kopfschussverletzung im Krankenhaus gestorben; Irmgard Möller hatte eine Stichverletzung überlebt. Dem vorausgegangen waren die Entführung des Arbeitgeberpräsidenten Hanns Martin Schleyer am 5. September 1977, bei der sein Fahrer und seine Leibwächter ums Leben gekommen waren, sowie die Entführung der Lufthansa-Maschine ›Landshut‹ am 13. Oktober, bei der der Flugkapitän erschossen worden war. Die Entführer hatten die Freilassung von elf gefangenen RAF-Mitgliedern gefordert. Am 17. Oktober konnte das Flugzeug gestürmt und die Geiseln befreit werden. Hanns Martin Schleyers Leiche wurde am 19. Oktober gefunden.

Lange Zeit versuchte Christiane vergeblich, die genauen Vorgänge in der Todesnacht von Stammheim zu klären, in der es viele Ungereimtheiten gab. In ihrem Aufsatz *Alle Kreter lügen* zog sie 1987 schließlich das Fazit, dass keine Seite – weder die, die der Selbstmordtheorie anhing, noch jene, die die Mordtheorie verfocht – an der Entdeckung der Wahrheit interessiert sei, so dass diese wahrscheinlich niemals ans Licht kommen werde.

Zusammen mit ihrem Bruder Gottfried bemühte sich Christiane, das Zerrbild, das in den Medien von ihrer Schwester gezeichnet wurde, zu korrigieren. Man könne ihre Intention nur verstehen, wenn man den politischen Hintergrund berücksichtigte. Im Vorwort zu ihrem 2005 herausgegebenen Briefband *Zieht den Trennungsstrich, jede Minute* geben die Geschwister zu bedenken:

> *Anfang der 70er Jahre herrschen in Spanien und Portugal Diktatoren, in Griechenland wütet eine faschistische Militärjunta, in Vietnam eskaliert der mörderische Krieg der USA und 1973 wird in Chile mit Unterstützung der USA eine demokratisch gewählte Linksregierung liquidiert. Die BRD ist integraler Bestandteil dieses imperialistischen Gesamtzusammenhangs, und so wird die Wut und der Hass derer verständlich, die dagegen eine antiimperialistische Front aufbauen wollen.*

1987 lernte Christiane ihren Lebensgefährten, den Sozialwissenschaftler Klaus Jünschke, kennen, der als ehemaliges RAF-Mitglied damals noch seine Haft verbüßte und bald darauf nach 16-jähriger Haft begnadigt wurde. Nachdem der Greno Verlag in Konkurs gegangen war, arbeitete Christiane im Verband der Filmarbeiterinnen und von 1992 bis 2003 als Archivarin im Hamburger Institut für Sozialforschung. Während dieser Zeit engagierte sie sich in der Gefangenenarbeit. 1993 erschien ihr *Aktionshandbuch gegen Rassismus*. Vierzig Jahre lang setzte sie sich für die Belange von Gefangenen ein, initiierte das Komitee gegen Isolationshaft und gründete zusammen mit Klaus Jünschke den Verein Kölner Appell gegen Rassismus.

Christiane Ensslin starb am 20. Januar 2019 im Alter von 79 Jahren. Im Nachruf von Barbara Kalender und Jörg Schröder, mit denen sie eng befreundet gewesen war, heißt es:»In Abwandlung von Camus' letzten Sätzen im *Mythos von Sisyphos* sagen wir: Der Kampf gegen Gipfel vermag ein Menschenherz auszufüllen. Wir müssen uns Christiane als einen fröhlichen und unbestechlichen Menschen vorstellen.« ❖

Auch Brüder brauchen starke Schwestern

❖ ❖ ❖

Nannerl und Wolfgang Amadeus Mozart

❖ »Stellen Sie sich einmal ein Mädgen von 11 Jahren vor, das die schwersten Sonaten und Konzerte der größten Meister auf dem Clavecin oder Flügel auf das Deutlichste, mit einer kaum glaublichen Leichtigkeit fertigt und nach dem besten Geschmack wegspielt.« So schwärmte ein Augsburger Musikkritiker, der 1762 in Wien Ohrenzeuge eines Konzerts der Geschwister Mozart geworden war. Das Mädchen, das ihn so stark beeindruckt hatte, war Maria Anna Mozart, genannt Nannerl, die fünf Jahre ältere Schwester von Wolfgang Amadeus. Sie kam am 31. Juli 1751 in Salzburg als Tochter Johann Georg Leopold Mozarts und seiner Ehefrau Anna Maria Walburga, geborene Pertl, zur Welt. In ihren ersten fünf Lebensjahren war Nannerl ein Einzelkind – eine lange Zeit, in der sich ihre Rolle als Mittelpunkt der Familie herausbilden und verfestigen konnte. Doch wurde sie schon früh mit schweren Schicksalsschlägen konfrontiert: Vor ihr waren drei, nach ihr zwei Geschwister gestorben. Im 18. Jahrhundert war die Kindersterblichkeit hoch. Mit der Geburt ihres Bruders Wolfgang am 27. Januar 1756 änderte sich Nannerls Status: Nun war er die Hauptperson, und das sollte so bleiben.

Leopold Mozart stammte aus Augsburg und war zum Philosophie-studium nach Salzburg gekommen. Schon bald wandte er sich der Musik zu, konnte allerdings nur langsam Fuß fassen. Er erhielt eine Anstellung als Vizekapellmeister, ehe er 1747 zum ›Hof- und Cammer-Componisten‹ ernannt wurde. Seine Tochter Nannerl bezeichnete er als eine der begabtesten Klavierspielerinnen Europas. Dass sie sich als solche nicht in die Musikgeschichte einschreiben konnte, hat mehrere Gründe. Der eine liegt im Zeitgeist des 18. Jahrhunderts, der den Frauen per se Virtuosität absprach; der andere Grund dürfte die Konzentration Leopold Mozarts auf seinen Sohn gewesen sein, die sich hemmend auf die Karriere seiner Tochter ausgewirkt haben dürfte.

Der Anfang war allerdings vielversprechend: Im Alter von sieben Jahren erhielt Nannerl Musikunterricht von ihrem Vater. Er unterrichtete sie auf dem Clavichord. Die musikalische Unterweisung war Teil des Lernprogramms, das sie und später auch Wolfgang bei ihrem Vater absolvierten. Damals gab es noch keine Schulpflicht – zum Glück, denn für Nannerl wäre nur die ›gemeine Volksschule‹ möglich gewesen, denn an Gymnasien waren Mädchen genauso wenig zugelassen wie an Universitäten. Der Vater nahm seine Lehrerrolle sehr ernst, wobei er allerdings Wolfgang bevorzugte. Dieser erhielt im Gegensatz zu seiner Schwester eine gründliche und vielfältige Sprachausbildung. Er lernte Italienisch, Französisch, Latein und Englisch.

Leopold Mozart war sehr streng und ehrgeizig und hatte für seine begabten Kinder eine intensive Reise- und Konzerttätigkeit geplant. Jahrelang wurden Nannerl und Wolfgang von ihm als Wunderkinder präsentiert. Ihre Auftrittsorte waren Fürstenhöfe und die Salons der Adeligen. Auch auf Leopold fiel etwas von dem Glanz, der seine Kinder umgab, zurück: So verfestigte sich sein Ruf, einer der besten Geigenpädagogen seiner Zeit zu sein.

Die großen ›Kunstreisen‹ begannen Anfang 1762 mit einem dreiwö-chigen Aufenthalt am Hof des musikliebenden Kurfürsten Maximilian in München. Im Herbst desselben Jahres traten sie in Wien auf. Leopolds Briefen ist zu entnehmen, dass das Hauptinteresse des Publikums Wolfgang galt: »Alle Damen sind in meinen Buben verliebt.« Der Sechsjährige kostete die Aufmerksamkeit aus, die ihm entgegengebracht wurde, forderte sie sogar heraus und gefiel durch seine Unbekümmertheit und Direktheit. Dagegen hatte die elfjährige Schwester keine Chance, denn sie war angehalten, Zurückhaltung zu üben, wie es sich für ein Mädchen ihres Alters ziemte. Doch auch ihre Kunst wurde gewürdigt, wie der Artikel im *Augsburgischen Intelligenz-Zettel*, einem Wochenblatt, das Mitte des 18. Jahrhunderts im gesamten mitteleuropäischen Raum gelesen wurde, zeigt. Nachdem der Musikkritiker die Souveränität der jungen Pianistin gelobt hatte, endet er mit der Gewissheit: »Das muss schon viele in eine Verwunderung setzen.«

Ein unvergessliches Ereignis muss es für die Familie Mozart gewesen sein, auf Schloss Schönbrunn von Kaiserin Maria Theresia und ihrem Mann empfangen zu werden. Nannerl und Wolfgang wurden mit Gewändern beschenkt. »Der Nannerl ihr Kleid war das Hofkleid einer Prinzessin«, berichtet der Vater. »Es ist weiß brochierter Tafet mit allerhand Garnierungen.«

Damals war das Reisen mit Strapazen verbunden und erforderte viel Geduld: Die Straßen waren in schlechtem Zustand, an zahlreichen Zollgrenzen wurde man aufgehalten. Außerdem war es eng in der Kutsche, weil Leopold darauf bestand, ein Clavichord mitzunehmen. Doch all das konnte den Kindern die Freude am Unterwegssein nicht verderben. Besonders Nannerl war beeindruckt von dem, was sie zu sehen bekam, und machte sich eifrig Notizen. Im Juni 1763 schrieb sie:

Zu München hab ich gesehen das Nymphenburg, das Schlosse und den Garten und die vier Schlösser, nämlich Amalienburg, Badenburg, Pagodenburg und die Erimitage, das Amalienburg ist das schönste, worinnen das schöne Bett ist und die Küchel, wo die Kurfürstin selbst gekocht hat. Badenburg ist das größte, wo

ein Saal ist von lauter Spiegeln, das Bad von Marmor, Pagoden-
burg ist das kleinste, wo die Mauern von Meolika ist, und die
Erimitage ist das Sittsamste, wo die Kapell von Muschel ist …

Im selben Schloss wurde Nannerl allerdings wieder einmal übergan-
gen, weil Wolfgang sein Spiel so sehr ausdehnte, dass für sie keine Zeit
mehr blieb, ihr Können zu demonstrieren. Doch Kurfürst Maximilian
wollte sie unbedingt hören, so dass es einige Tage später zu einem weiteren Konzert kam, in dem Nannerl brillierte, wie ihr Vater stolz verkündete: »Die Nannerl hat mit den größten Applausen sowohl beim
Kurfürsten als beim Herzog gespielt.«

Die nächsten Stationen ihrer ›Kunstreise‹ waren Mainz und Frankfurt, wo sie der 14-jährige Goethe hörte. Über das Frankfurter Konzert
erzählte Leopold, dass Wolfgang sich zwar wieder in den Mittelpunkt
gedrängt habe, doch »die Nannerl leidet nun durch den Buben nicht
mehr, indem sie so spielt, dass alles von ihr spricht, und ihre Fertigkeit
bewundert«.

So geschah es auch in Paris. Friedrich Melchior Grimm, der Sekre-
tär des Herzogs von Orléans, berichtete: »Herr Kapellmeister von Salzburg namens Mozart ist hier soeben mit 2 ganz allerliebsten Kindern
eingetroffen. Seine 11 (!) jährige Tochter spielt das Clavier auf brillante
Manier.« Der hochgebildete Musikkenner staunte: »mit einer erstaun-
lichen Präzision führt sie die größten und schwersten Stücke aus«. Mit
der Feststellung »mein Mädel spielt die schwersten Stücke« schloss
sich Leopold seinem Urteil an.

Von Anfang an wurde den beiden Wunderkindern große Aufmerksamkeit zuteil. Ihr Können wurde bewundert und als Sensation
gefeiert. Sie erhielten zahlreiche Einladungen; auch von der königlichen Familie wurden sie zu Tisch gebeten, wo sie sich zwanglos mit
dem König und der Königin unterhielten. Nannerl war besonders beeindruckt von Versailles und schrieb dazu in ihr Reisetagebuch: »wie
die Latona die Bauern in Frösche verwandelt, wie der Neptun die Pfer-

de einhält, die Diana im Bad, den Raub der Proserpina. Sehr schöne Vasen von weißem Marmor und Alabaster.«

Im April 1764 reiste die Familie Mozart nach London. In Nannerls Notizen ist zu lesen:

London habe ich gesehen, den Park und ein jungen Elefanten, einen Esel, der hat weiß und kaffeebraune Striche und so gleich, dass man es nicht besser malen könnte. Chelsea, das Invalidenhaus, Westminster Bridge, Westminsterkirch, Vauxhall, Ranelagh, Tower, Richmond, in welchen eine sehr schöne Ansicht ist, und den königlichen Garten, Kew und Fulhambridge; das Wasserwerk und ein Kamel.

Ungeordnet lässt sie ihrer Begeisterung und ihrem Mitteilungsdrang freien Lauf. Besonders müssen sie der königliche Garten in Kensington, die Bibliothek des British Museums, die Weltkugel, die Himmelskugel und eine Klapperschlange beeindruckt haben.

König Georg iii. und seine Gattin Charlotte Sophie – beide hegten eine große Liebe für Musik – waren von der Virtuosität der Kinder hingerissen. Am 13. Mai 1765 boten Nannerl und Wolfgang in Hickford's Long Room, einem berühmten Londoner Konzertsaal, eine besondere Attraktion: Die Uraufführung von Wolfgangs vierhändiger Sonate C-Dur, die er kurz zuvor komponiert hatte.

In Den Haag, einer der nächsten Stationen der ›Kunstreise‹, erkrankte Nannerl schwer und schwebte eine Zeitlang in Lebensgefahr. Der hinzugezogene Arzt erkannte die Typhuserkrankung nicht, stellte eine falsche Diagnose und verordnete demzufolge eine unwirksame Therapie. »Der Medicus selbst sah keine Hoffnung mehr«, berichtete Leopold und veranlasste die letzte Ölung. »Mein armes Kind sah die Gefahr selbst ein und empfand ihre Schwäche. Ich bereitete sie zur Resignation in den göttlichen Willen.« Im Fieber phantasierte Nannerl mal auf Englisch, mal auf Französisch, mal auf Deutsch und sprach über das, was sie in der letzten Zeit unterwegs erlebt hatte. Als Caroline Prinzessin von Nassau Weilburg, auf deren Einladung die Familie Mozart von September 1765 bis April 1766 in die Niederlande gekommen war, von Nannerls Erkrankung erfuhr, wurde sie sofort aktiv und schickte ihren Leibarzt Professor Zwencke zu der Patientin. Er wusste Rat, änderte die Therapie, Nannerl wurde gesund und konnte Anfang 1766 schon wieder auftreten.

Die nächsten Stationen waren Paris, Dijon, Lyon, Genf und Lausanne. Allmählich näherte sich die große Tournee ihrem Ende: Am 30. November 1766 war die Familie Mozart nach fast dreieinhalbjährigem Unterwegssein endlich wieder zu Hause in Salzburg.

Leopold setzte den Unterricht seiner Kinder fort, hielt sie zum Üben an und plante bereits die nächste Reise. Das Ziel war Wien. Leopold hoffte darauf, an die großen Erfolge in der kaiserlichen Residenzstadt anknüpfen, sie möglichst noch übertreffen zu können, doch es kam anders: Kurz nachdem die Familie Mozart im September 1767 in Wien eingetroffen war, brach dort eine Blatternepidemie aus, die das kulturelle Leben lahmlegte. Die Familie Mozart fuhr nach Olmütz, um der Ansteckung zu entgehen. Doch es war zu spät: Wolfgang und Nannerl erkrankten schwer. Nachdem sie genesen waren, fanden die Konzerte in Wien statt – diesmal in fast vertrauter Atmosphäre am kaiserlichen Hof.

Es war nicht zu übersehen, dass die vielen Reisen bei der gesamten Familie an den Kräften gezehrt hatten. Und noch etwas anderes war nicht zu übersehen: Nannerl hatte sich mittlerweile zu einer schönen jungen Frau entwickelt, die als heiratsfähig galt und erkennen musste, dass sie für die Rolle des musikalischen Wunderkinds nun eine Fehlbesetzung war – anders als ihr kleiner Bruder, der diesen Part nach wie vor mit Bravour spielte. Auf die Konzertreisen nach Italien und Paris wurde Nannerl nicht mehr mitgenommen.

In dem Maße, in dem Wolfgangs Ruhm immer größer wurde, verengte sich der Radius, in dem Nannerl auftrat. Er beschränkte sich auf

Hauskonzerte im halböffentlichen Raum. Ihre Kompositionsversuche fanden keine Beachtung – außer bei Wolfgang, der sich im Mai 1773 in einem Brief aus Neapel bei seiner »cara, carissima sorella«, seinem »Herzensschwesterchen«, seiner »Schwester-Canaglie« dafür bedankte, dass sie ihm »den zwölften Menuett« von Joseph Haydn geschickt hatte. Er lobte sie für den Bass, den sie »unvergleichlich« dazu komponiert habe, und forderte sie auf: »Ich bitte dich, probiere öfter solche Sachen.« Drei Jahre vorher hatte er ihr schon geschrieben, er sei verwundert, dass sie so schön komponieren könne. Ein anderes Mal, nachdem Wolfgang eine Sinfonie mit Pauken und Blechbläsern komponiert hatte, bat er Nannerl, sie abzuschreiben und zu instrumentieren. Seine konkrete Anweisung spricht dafür, dass er die Kompositionsversuche seiner Schwester zu schätzen wusste: »Er mahnte mich, dass ich dem Waldhorn etwas zu tun gebe.«

Von anderen hingegen wurde Nannerls Kompositionstätigkeit nur am Rande erwähnt, wohingegen bei ihrem Bruder nicht nur das Klavierspiel, sondern auch das Komponieren gefördert wurde. Zwar hatte Nannerl 1759 zu ihrem Namenstag ein Notenheft von ihrem Vater geschenkt bekommen, doch sind darin nur Kompositionen von Wolfgang enthalten. Ebenso ausgeschlossen wurde Nannerl beim Geigen- und Orgelspiel, das der Vater bei Wolfgang selbstverständlich förderte. Dennoch mochten die Geschwister Mozart einander sehr. Nannerl nannte Wolfgang »Flegel, Spitzbub, Bimberl und Hanswurst«, er nannte sie »Canaglie, Zizibe« – seine Königin, die »nicht gleich über jeden Dreck weinen« sollte. »Hundert Schmatzerl« schickte er ihr »auf ihr wunderbares Pferdegesicht.«

Während der langen Trennung – die erste Italienreise Mozarts dauerte von 1769 bis 1775 – führten die Geschwister eine rege Korrespondenz, in der deutlich wird, wie sehr Nannerl das Reisen und die Auftritte vor großem Publikum vermisste. Wolfgang versuchte, sie aufzuheitern, indem er ihr lustige Anekdoten und Knittelverse schrieb:

Ich tue mich halt bedanken, für deinen Glückwunsch, Engel,
und hier hast ein von Mozart, von den grobeinzign Bengel,
ich wünsch dir Glück und Freude, wenn's doch die Sachen gibt,
Und hoff Du wirst mich lieben, wie Dich der Wolferl liebt.

Die Reiseberichte des Vaters waren kaum geeignet, Nannerl aufzumuntern. Sie ließen ihre Sehnsucht nur noch größer werden. Die An-
regung, mit der Leopold einen ihrer »Lamentationsbriefe« beantwor-
tete, ist weniger tröstlich als zynisch. So empfahl er ihr einen vor Kurzem erschienenen Reiseführer mit der Bemerkung: »Damit du wenigst
im Zimmer reisen kannst, wenn du gleich nicht bei uns bist.« Letztendlich blieb Nannerl nichts anderes übrig als sich mit dem Platz zu
begnügen, der einer jungen Frau ihrer Zeit üblicherweise zugewiesen
wurde. Dass sie ihrer Mutter im Haushalt half, war selbstverständlich.
Darüber hinaus hatte Leopold den Beruf einer Klavierlehrerin für sie
vorgesehen, weil er ihren Fähigkeiten entsprach und sie damit einen
Beitrag zum Familienunterhalt leisten konnte.

1772 wurde Wolfgang zum besoldeten Konzertmeister der Salzburger Hofkapelle ernannt, was ihm zwar ein regelmäßiges fixes Einkommen sicherte, doch nicht dazu führte, die Konzertreisen aufgeben
zu müssen. Sie waren für seine künstlerische Entwicklung überlebens-
notwendig und bildeten ein notwendiges Pendant zu der reglementier-
ten Salzburger Tätigkeit, von der er sich stark eingeschränkt fühlte.
Doch waren sie immer schwieriger zu realisieren, so dass er 1777 um
seine Entlassung aus dem erzbischöflichen Dienst bat.

Da der Vater in Salzburg unabkömmlich war, weil ihm der Urlaub
verweigert wurde, entschied er, dass die Mutter Wolfgang auf seiner
nächsten Reise, die Paris zum Ziel hatte, begleiten sollte. Damit begann
für Nannerl eine schwere Zeit. Bisher war sie noch nie länger von ihrer
Mutter getrennt gewesen – entweder waren sie zusammen unterwegs
oder wie zuletzt gemeinsam zu Hause. Sie fehlte ihr sehr, genau wie
dem Vater, der mit der veränderten Konstellation nicht zurechtkam. Er

fürchtete vor allem, immer mehr an Einfluss auf seinen ebenso genialen wie eigensinnigen Sohn zu verlieren. Nannerl hingegen war nun mehrfach belastet: Sie musste den Haushalt führen, Klavierunterricht erteilen und versuchen, den Vater, der in Trübsal zu versinken drohte, aufzumuntern. Das gelang ihr am ehesten, indem sie zusammen mit ihm musizierte: »den übrigen Abend brachten wir zwei wie gewöhnlich mit einander beim Clavier zu«, berichtete Leopold.

Die Parisreise seines Sohnes brachte allerdings keineswegs den Erfolg mit sich, den Leopold erwartet hatte. Unerträglich war es für ihn, dies aus der Ferne mitansehen zu müssen. Als Wolfgang in Geldnot geriet, reagierte der Vater mit Vorwürfen und Nannerl mit Verständnis: »Gottlob, dass es nichts Schlimmeres ist.« Doch dann geschah das »Schlimmere«, ein weitaus größeres Unglück: Die Mutter erkrankte, ihr Zustand verschlechterte sich innerhalb kürzester Zeit. Sie starb im Alter von 58 Jahren am 3. Juli 1778 in Paris.

Auf dem Rückweg von Paris machte Wolfgang Zwischenstation in Salzburg. Er blieb ein Jahr, so dass die Geschwister endlich wieder Gelegenheit hatten, viel Zeit miteinander zu verbringen und sich gegenseitig zu trösten. Der Verlust der Mutter lastete schwer auf der Familie. Leopold hatte sich um eine feste Anstellung für seinen Sohn bemüht, doch dieser fühlte sich als Hof- und Domorganist im erzbischöflichen Dienst eingeengt. Nannerl konnte das nachvollziehen. Sie wusste schließlich am allerbesten, was es bedeutete, auf Reisen zu sein und vor wechselndem Publikum zu spielen. Wolfgang war dankbar für ihr Verständnis und widmete ihr ein Konzert für zwei Klaviere, das im großen Musiksaal ihrer Salzburger Wohnung aufgeführt wurde.

An dem Auftrag, eine Oper für den kommenden Karneval zu schreiben, der ihm vom bayerischen Kurfürsten erteilt wurde, nahm Nannerl regen Anteil. Ihr Neujahrsbrief 1781 enthält neben ihrem Wunsch nach »brüderlicher Liebe« noch einige andere Wünsche: »Ich wünsche vor allem anderen, dass Deine Oper, wenn sie in Szene geht, allgemeinen Beifall findet und Du Dir recht viel Ehre und Ruhm dadurch erwerben möchtest. Ich hoffe und wünsche es.« Zusammen mit ihrem Vater besuchte sie am 29. Januar 1781 die Uraufführung der Oper *Idomeneo* und war glücklich, wieder einmal in München zu sein.

Gegen den Willen Leopolds ging Wolfgang 1781 nach Wien und heiratete Constanze Weber. Zeitweise verdiente er viel Geld mit seinen Kompositionen, Auftritten und dem Unterricht, den er vermögenden Schülern erteilte. Doch seine legendäre Unfähigkeit, mit Geld umzugehen, führte zu permanenten Schulden. Eine Anstellung am kaiserlichen Hof zu bekommen, die ihm ein regelmäßiges Einkommen verschafft hätte, gelang ihm nicht. Dennoch schlugen sich die finanziellen Schwierigkeiten, mit denen er zu kämpfen hatte, nicht auf seine Schöpferkraft nieder.

Eine ganze Weile bestand die Korrespondenz der Geschwister noch weiter, wobei sich Nannerl manchmal beklagte, wenn sie zu lange auf einen Brief des Bruders warten musste. Immer noch war sie der Mensch, der ihm am nächsten stand, wenn es um die Musik ging. So schrieb er seinem Vater im Zusammenhang mit seinem Konzertrondo für Klavier und Orchester: »Ich habe es besonders für mich gemacht – und kein Mensch als meine liebe Schwester darf es mir nachspielen.«

Auf den Tod der Mutter folgte für Nannerl ein weiteres betrübliches Ereignis. Sie hatte sich in den Direktor der Salzburger Pagerie, Franz d'Ippold, verliebt, aber Leopold hatte andere Pläne für seine Tochter und setzte sich durch. Er verheiratete sie mit dem 15 Jahre älteren, verwitweten Johann Baptist Berchtold zu Sonnenburg, der fünf Kinder mit in die Ehe brachte und als hochfürstlicher Rat und Gerichtspfleger in St. Gilgen lebte. Wolfgang bereitete seine Schwester auf humorvolle Weise auf den »Ehstand« vor, in dem sie viel erfahren werde, was ihr bisher »ein halbes Rätsel war«, zum Beispiel »wie Eva einst hat handeln müssen, dass sie hernach den Kain gebar.« Er versicherte ihr: »Doch Schwester, diese Ehstandspflichten wirst du von Herzen gern verrichten, denn glaube mir, sie sind nicht schwer.«

Nannerl bekam drei Kinder, von denen nur der 1785 geborene Leopold das Erwachsenenalter erreichen sollte. Das kulturelle Angebot ihrer geliebten Geburtsstadt fehlte Nannerl in St. Gilgen – Salzburg zu verlassen, war ihr sehr schwergefallen. Als ihr Vater 1787 krank wurde, fuhr sie sofort zu ihm nach Salzburg und pflegte ihn bis zu seinem Tod. Nur drei Jahre später, am 5. Dezember 1791, starb ihr Bruder Wolfgang im Alter von 35 Jahren. Für Nannerl vollkommen überraschend, denn sie hatte in den letzten beiden Jahren wegen Erbschaftsstreitigkeiten keinen Kontakt mehr zu ihm gehabt und von seiner schweren Erkrankung nichts gewusst. Zum letzten Mal gesehen hatten sie sich am 18. Oktober 1783.

Ihr Ehemann starb ein Jahrzehnt später. Nach seinem Tod zog Nannerl sofort zurück nach Salzburg. Von ihrer Wohnung in der Sigmund-Haffner-Gasse aus konnte sie das Hagenauerhaus sehen, in dem sie ihre Jugend verbracht hatte. Obwohl sie durch Erbschaft finanziell abgesichert war, arbeitete sie nach wie vor als Klavierlehrerin und kümmerte sich um die Gesamtausgabe der Werke ihres Bruders. Mit 74 Jahren erblindete sie, verlor jedoch nicht ihren Optimismus und ihre Lebensfreude, wozu ihre Freundinnen und Freunde beitrugen, die ihr halfen und sie aufmunterten. Nannerl überlebte ihren geliebten Bruder um 38 Jahre. Sie starb 78-jährig am 29. Oktober 1829 laut Sterbeurkunde an Entkräftung und wurde, wie es ihr letzter Wille war, in der Kommunegruft auf dem Salzburger Friedhof zu St. Peter beigesetzt. ❖

Geschwister der Nacht

Erika und Klaus Mann

❖ An einem Spätsommerabend im August 1927 wartete Klaus Mann
am Starnberger See auf seine Schwester, die jeden Abend nach der Vorstellung aus München nach Feldafing kam, wo die beiden in einem
kleinen Hotel lebten. Erika war an den Kammerspielen engagiert.

Als Erika am See eintraf, befand sie sich in eigenartiger Stimmung.
Ohne dass er sie fragen musste, begann sie zu reden: »Ich weiß nicht,
was mit mir los ist. Alles geht nach Wunsch, aber ich habe keinen Spaß
daran. Der Starnberger See ist hübsch, er kann so bleiben. München ist
hübsch, und es spielt sich nett an den Kammerspielen.« Klaus kannte
seine Schwester nur zu gut und vermied daher jegliches Nachfragen,
denn das mochte sie gar nicht. »Ich wäre lieber anderswo«, stieß sie
endlich hervor, »zehntausend Meilen weg von hier.«

Bei Klaus rannte sie damit offene Türen ein. »Es gibt genug Dinge,
vor denen man davon laufen möchte«, sagte er vor sich hin, mehr zu
sich selbst als an sie gerichtet. Beide waren an einem Punkt angelangt,
an dem ihnen ihr bisheriges Leben reiz- und perspektivlos erschien.
An diesem Abend am Starnberger See, in der bayerischen Idylle, die
Erika so liebte, beschlossen die beiden Anfang 20-Jährigen, »ein bisschen nach Amerika« zu gehen. In ihnen reifte die Idee zu einer Expe-

dition quer durch den riesigen Kontinent von der Ostküste zur Westküste.

Erika Mann wurde am 9. November 1905 geboren. Im selben Jahr, am 11. Februar, hatten ihre Eltern, Thomas Mann und Katia Pringsheim, geheiratet. Trotz ihrer frauenbewegten Großmutter, der Frauenrechtlerin Hedwig Dohm, war für Katia die weibliche Unterordnung unter den Willen ihres Mannes selbstverständlich. Und auch, dass ein Sohn mehr galt als eine Tochter. Umso größer war die Enttäuschung, als ihr erstes Kind ein Mädchen wurde. »Ich war immer verärgert, wenn ich ein Mädchen bekam, warum, weiß ich nicht«, gesteht sie unumwunden in *Meine ungeschriebenen Memoiren* (1974). Auch Thomas Mann schrieb seinem Bruder Heinrich im November 1905 ohne Umschweife, wie enttäuscht er sei, eine Tochter bekommen zu haben. Ein Sohn sei für ihn »poesievoller, mehr als Fortsetzung und Wiederbeginn meiner selbst«. Damals wusste noch niemand, dass die unerwünschte Tochter einmal sein »kühnes und herrliches« Lieblingskind werden würde.

Ein Jahr nachdem Erika das Licht der Welt erblickt hatte, folgte endlich der ersehnte Sohn: Am 18. November 1906 wurde Klaus geboren. Erika und Klaus waren von Anfang an nahezu unzertrennlich, bezeichneten sich manchmal sogar als Zwillinge. Dabei waren sie grundverschieden und die Geschlechterrollen sofort vertauscht. Auf diese Weise ergänzten sie sich hervorragend. Was die oder der eine nicht hatte beziehungsweise konnte, übernahm der oder die andere. Erika war mutig, sportlich, rauflustig, extrovertiert, während Klaus ängstlich und zurückhaltend agierte. Sie habe ausgesehen wie ein »magerer, dunkel hübscher Zigeunerjunge«, berichtete Klaus Mann und ergänzte bewundernd, »sie konnte wie zwei Buben turnen und raufen«. Erika erklärte rückblickend, sie habe den kleinen Bruder immer als selbstverständliche und notwendige Ergänzung zu sich selbst gesehen. Gleich nachdem sie sich an ihr Zwillingsdasein gewöhnt hatte, entwickelte sie die Überzeugung, jedes Mädchen brauche einen Bruder, einen ›Eissi‹ – so der von ihr erfundene Spitzname für Klaus. Sie konnte sich ein Leben ohne ihn nicht vorstellen.

Erika und Klaus wuchsen gemeinsam mit ihren vier jüngeren Geschwistern in dem Bewusstsein auf, etwas Besonderes zu sein – mit den damit verbundenen Implikationen Chance und Bürde. Der Wermutstropfen lag darin, dass sie nicht um ihrer selbst willen außergewöhnlich waren, sondern wegen der Berühmtheit ihres Vaters. »Er war anders als andere Väter«, so Erika. Morgens sei er nicht wie andere Väter zur Arbeit in ein Geschäft, in ein Büro oder in eine Fabrik gegangen, sondern in sein häusliches Arbeitszimmer, das »heilig« war, »ein Raum, den man nur betrat, wenn man eingeladen wurde«. Er benötigte unbedingte Ruhe und konnte »fuchsteufelswild« werden, wenn die Kinder diesen Umstand vergaßen und ihn störten. Für sie und ihre Belange interessierte er sich nicht. Die Erkenntnis der eigenen Bedeutungslosigkeit muss eine bittere Erfahrung gewesen sein, aus der Erika spezifische Verhaltensweisen wie zum Beispiel ihren Hang zum Übertreiben und Lügen entwickelte. Sie strampelte sich von Anfang an ab, um Aufmerksamkeit zu erheischen, um nicht übersehen zu werden. Und sie hatte damit Erfolg: Sie erkämpfte sich eine Sonderrolle innerhalb der Geschwisterschar und verteidigte diese mit Nachdruck. »Die Eri muss die Suppe salzen«, lautete ein geflügeltes Wort innerhalb der Familie Mann.

Während des Krieges ergriff Katia Mann eine Sparmaßnahme, die für Erika und Klaus zum einschneidenden Ereignis wurde: Sie nahm sie von der teuren Privatschule der Schwestern Ebermayer in Schwabing und ließ sie die gewöhnliche Volksschule in der Nachbarschaft besuchen. Dort gingen Buben und Mädchen in getrennte Klassen. Erika und Klaus, die beiden stets gemeinsam als Zwillinge auftretenden Geschwister, wurden auseinandergerissen. Während die offensive, kommunikative, durchsetzungsfähige Erika in der Mädchenklasse sofort zur Anführerin avancierte, blieb Klaus' Status unklar. Erika fiel immer etwas ein, womit sie den Unterricht stören, die Lehrkräfte in Verlegenheit bringen und die Lacher auf ihre Seite ziehen konnte. Ihr Ideenreichtum schien unendlich. Sie konnte hervorragend Bayerisch und Münchnerisch sprechen – als einzige in ihrer Familie. Der verschlossene Klaus, der nur wenig redete, und wenn, nur Hochdeutsch, wurde meistens für einen (Sau)Preußen gehalten. Ein Grund mehr, sich als Außenseiter zu fühlen und als solcher behandelt zu werden. Er ertrug alles mit »gelangweilter Gleichgültigkeit« und lieferte damit für die Lehrkräfte sowie seine Mitschüler wiederum einen Beweis seiner Arroganz – ein Stigma, das ihm bald anhaftete.

Beide wechselten noch einige Male die Schule. Erika »baute« ihrer Mutter zuliebe das »Sau-Sau-Sau-Kotzabitur« an der Städtischen Höheren Mädchenschule an der Luisenstraße; Klaus wechselte auf die Odenwaldschule und fand in ihrem Gründer und Schulleiter Paul Geheeb zwar einen Förderer seiner Talente, der ihn die freizügige Atmosphäre und den dort herrschenden antiautoritären Umgang zu schätzen lehrte, verließ die Schule aber dann doch ohne Abschluss.

Im Sommer 1923 lernten Erika und Klaus die Schwestern Pamela und Kadidja Wedekind kennen. Die erste Begegnung fand bei ihrem Onkel Heinrich und seiner Frau Mimi statt, die damals in Schwabing wohnten. Pamela war ein Jahr jünger als Erika, also gleichaltrig mit Klaus. Kadidja war Jahrgang 1911. Wie Klaus hatte Pamela die Odenwaldschule besucht. Die beiden verlobten sich miteinander, gleichzeitig verliebte sich Erika in Pamela. Die Freundin, deren »eisige Anmut« und »harte, gefährliche und geistige Lieblichkeit« ihren Bruder faszinierten, war Erikas zweite große Liebe. Die erste war zweifellos ihr Bruder Klaus.

Es grenzt an tragische Ironie, dass die beiden Menschen, die Erika bedingungslos und leidenschaftlich liebte, sich miteinander verbanden – beiläufig, so quasi zum Scherz. Auf Erika, die sich in dieser Dreierkonstellation als einzig wahrhaft Liebende verstand, muss die leichtfertig verabredete Verlobung wie eine Verhöhnung ihrer großen Gefühle gewirkt haben. Und wie Verrat. Sogar ein doppelter Verrat. Doch nach kurzer Zeit trennten sich ihre Wege: Pamela Wedekind erhielt ein Theaterengagement in Köln, Erika und Klaus Mann gingen nach Berlin. Auch sie zog es auf die Bühne.

Sie liebten das Theater, aber auf unterschiedliche Weise: Erika auf der Bühne; Klaus davor, dahinter, daneben. Für ihn hatte das Schreiben Vorrang vor dem Spielen, sowohl als Dramatiker als auch als Kritiker. Für ihn war das Schreiben Lebenselixier, doch als Schriftsteller sah er sich stets im überlebensgroßen Schatten seines Vaters. Dass er selbst früh erkannte, dass ihm das Schreiben viel leichter fiel als diesem, machte es nicht einfacher. Wohin er sich schriftstellerisch auch bewegte, immer war der Vater vor ihm da – jedenfalls blieb der Vergleich mit ihm nie aus. Und den konnte er nur verlieren.

Erika ging gleich nach dem Abitur nach Berlin. Das Leben in München bot zwar viele Abwechslungen, Anregungen und Vergnügungen, aber künstlerisch konnten weder sie noch Klaus Fuß fassen. Die wenigen Auftritte in Gaststätten und auf Brettlbühnen waren nicht sehr erfolgversprechend und die Champagnerparties in fragwürdigen Etablissements mit ebensolchen Bekannten, die ihnen eine Weile reizvoll erschienen waren, wurden auf die Dauer langweilig. Dagegen war Berlin das pure Abenteuer. Das Vergessenwollen stand über allem: Vergessen des aktuellen Elends, der kollektiven Schuld und der Zukunftsangst. All das wurde niedergedröhnt durch Musik, Tanz, Amüsement. In den Clubs, Hotelbars und auf der Straße wurde getanzt – bis zum Delirium. Jazz war der letzte Schrei, den die Jugend »kolossal« fand. Auch auf Erika übte die neue, aus Amerika stammende, »wilde Musik« großen Reiz aus. Doch das allein reichte nicht aus, um sich hemmungslos ins Leben zu stürzen. Man griff zu Genussverstärkern mit Glücksversprechen: Alkohol, Marihuana, Morphium und Kokain. Das »Berauschen ohne Grund« bestimmte neben dem allgegenwärtigen Nihilismus den Alltag der jungen Leute in Berlin.

Klaus Mann, der seiner Schwester nach Berlin folgte, schrieb zusammen mit W. E. Süskind Chansons, Couplets, Kabarettlieder, Szenen, Sketche und fasste den Plan, die Bonbonniere, Alfred Gondrells Kabarettbühne am Platzl, für ein eigenes Kabarett zu mieten. Doch das sollte er erst ein Jahrzehnt später realisieren.

Mit Hilfe eines Empfehlungsschreibens ihres Vaters wurde Erika an der Schauspielschule Max Reinhardts aufgenommen. Ihre Eltern waren froh, dass ihre Tochter einen Zukunftsplan entwickelt hatte, den sie ernsthaft verfolgte. Dass auch Klaus endlich eine Aufgabe für sich entdeckt hatte, freute sie besonders: Er wurde dritter Theaterkritiker beim *12-Uhr-Blatt*. Er war es, der schließlich die Theaterkarriere seiner Schwester anschob, indem er ihr in seinem neuen Stück eine Rolle auf den Leib schrieb. Die symbiotische Verbindung der Geschwister ließ sich letztendlich weder durch räumliche Entfernung noch durch andere Menschen lockern. Beide bezogen sich in allem, was sie taten, aufeinander – ob sie wollten oder nicht. Es geschah sogar unbewusst. Klaus Mann widmete seinen ersten, 1925 erschienenen Novellenband, *Vor dem Leben*, seiner Schwester. Und in all seinen Werken sollte ein Frauentyp auftauchen, der eng an sie angelehnt war: androgyn, melancholisch, unberührbar, verloren – angefangen mit der Protagonistin seines ersten Theaterstücks.

Klaus Mann blieb nicht lange als Kritiker in Berlin. Schon im Herbst 1924 ging er zurück nach München und schrieb sein Stück *Anja und Esther* – »wie unter Diktat«, so berichtete er. In nur 14 Tagen habe er es in seinem Jugendzimmer in der elterlichen Villa »zu Papier gebracht«. Vorbild für die Titelheldinnen seines Erstlings waren die beiden Menschen, die ihm am nächsten standen: Erika und Pamela. *Anja und Esther* war das erste Stück, mit dem Klaus Mann an die Öffentlichkeit ging. Es feierte im Herbst 1925 in München und in Hamburg Premiere – im Abstand von nur zwei Tagen. Die Aufführung an den Münchner Kammerspielen unter der Regie von Otto Falckenberg fand wenig Beachtung, im Gegensatz zur Hamburger Inszenierung von Gustaf Gründgens, der auch die Rolle des Jakob übernommen hatte. Die anderen Mitwirkenden waren die Geschwister Mann und Pamela Wedekind. Mit dieser Besetzung konnte Falckenberg nicht konkurrieren. Von Thomas Mann wurde das Stück heftig kritisiert und in der Novelle *Unordnung und frühes Leid* (1925) regelrecht niedergeschrieben.

Ein halbes Jahr nach der Ankündigung »Dichterkinder spielen Theater« folgte im Frühling 1926 dann die nächste spektakuläre Meldung: Erika Mann und Gustaf Gründgens gaben bekannt, dass sie heiraten wollten. Erika erhoffte sich einen Karriereschub durch die Verbindung mit dem ehrgeizigen Theatermann, dem Star der Hamburger Kammerspiele. Dieser hoffte wiederum, von der Verbindung mit der Tochter des berühmten Schriftstellers als Künstler zu profitieren.

Am 21. April 1927 feierte Klaus Manns zweites Stück *Revue zu Vieren* in Leipzig Premiere. Das Publikum und vor allem die Kritiken äußerten lauthals ihr Missfallen, so dass die anschließende Tournee einer Flucht glich. Die *Revue zu Vieren* hatte Katalysatorwirkung und endete damit, dass sich die Geschwister – Klaus mit Pamela Wedekind und Erika mit Gustaf Gründgens – restlos zerstritten. Bestand hatte einzig die Geschwisterbeziehung. Erika hielt weiterhin zu ihrem Bruder und dessen Können, verteidigte sein Stück gegen ihren Ehemann, den Regisseur, die Kolleginnen und Kollegen, die Kritik, die ganze Welt und nahm dafür Brüche und Trennungen in Kauf. Klaus verhielt sich defensiver, zog sich zurück, brach die Kontakte ab. Ihm war einzig wichtig, dass er die Schwester wieder zurückgewonnen hatte.

Am 7. Oktober 1927 war es dann endlich so weit: Erika und Klaus traten in Rotterdam mit dem Passagierdampfer ›Hamburg‹ die Überfahrt von Europa nach Amerika an, ohne zu wissen, wie lange sie von zu Hause fort sein würden. Das einzige wirkliche Problem für die ›Literary Mann Twins‹ war von Anfang bis Ende das Geld. Der Vorschuss, den ihnen der Verlag Boni and Liveright gezahlt hatte, reichte nicht lange, genauso wenig wie die Vorschüsse und Honorare der Magazine und Zeitschriften, in denen sie ihre Reisenotizen publizierten. Mit dem S. Fischer Verlag schlossen sie erst am Ende ihres Amerika-Aufenthalts einen Vertrag für ein Buch ab, das 1929 unter dem Titel *Rundherum* erscheinen sollte.

Mitte Juli 1928 zurück in München, widmete sich Erika stärker dem Schreiben, wozu sie von Klaus angeregt worden war. Anfänglich leistete sie zwar Widerstand, weil es ihrer Meinung nach schon zu viele Schriftsteller in der Familie gab. Doch Klaus ließ nicht locker: »Dir wird's auch nicht erspart bleiben – das Schriftstellern, meine ich. Es ist der Familienfluch.« Erika begann für das gerade in Berlin gegründete Boulevardblatt *Tempo* zu arbeiten und publizierte außerdem noch im *Bayerischen Staatsanzeiger*, in den *Münchner Neuesten Nachrichten*, den *Wiener Neuesten Nachrichten*, den *Kasseler Nachrichten* und der deutschen Zeitung *Bohemia*, die in Prag erschien. Dabei entstanden in der Zeit vom Herbst 1928 bis zum Januar 1933 beinahe hundert Artikel.

Im Winter 1929 entschlossen sich Erika und Klaus, erneut auf Reisen zu gehen. Erika hatte sich von Gustaf Gründgens scheiden lassen und war nun offiziell wieder frei. Geplant waren Frankreich, Spanien, Nordafrika, der Kongo und anschließend die Überfahrt nach New York. Doch so weit sollten sie nicht kommen.

Sie planten, zwischendurch einige Strecken mit dem Auto zurückzulegen. Klaus hatte dazu eigens Fahrstunden absolviert, erwies sich aber als viel zu ängstlich und unbeholfen – ganz im Gegensatz zu seiner Schwester, die schon seit einigen Jahren als begeisterte Autofahrerin durch Deutschland raste. Sie liebte es, schnell zu fahren. Ihre Vortragsreisen hatte sie normalerweise mit dem eigenen Auto, einem kleinen Ford, absolviert. Vor der Reise nach Afrika besuchte sie sogar noch einen Automechaniker-Lehrgang und ließ sich weder vom Misstrauen noch vom Gelächter der Männer beeindrucken. Ihr war es wichtig, selbst gut gerüstet zu sein, da sie wusste, dass sie in ihrem kleinen Bruder keine große Unterstützung haben würde. So saß dann auch sie die meiste Zeit am Steuer.

Der Grund dafür aber, dass sich die Reise verkürzte, lag in Erikas Horrorbegegnung mit dem »Zauberkräutlein Haschisch«, die sie für alle Zeiten zur Vorsicht mahnen sollte: Weil nach der vom Reiseführer empfohlenen Dosis keine Wirkung zu verspüren war, hatte sie mehr von dem Rauschgift genommen und sich plötzlich in einem so besorgniserregenden Zustand befunden, dass sie ins Krankenhaus gebracht werden musste. Das Drogenabenteuer war zwar glimpflich ausgegangen, doch Erika und Klaus beschlossen, die Heimfahrt anzutreten.

Im Sommer 1930, kurz nach der abgebrochenen Nordafrika-Reise, schrieb Klaus Mann das Theaterstück *Geschwister* in Anlehnung an Jean Cocteaus Roman *Kinder der Nacht* (frz. *Les enfants terribles*, 1929). Im Mittelpunkt der Handlung stehen die Geschwister Paul und Elisabeth, die sich von ihrer Umgebung isoliert haben. Betreut von einem Dienstmädchen, leben sie in einer eigenen, hermetisch abgeriegelten Welt, in der die Initiation durch Inzest oder Tod erfolgt. Sich und ihren Obsessionen weitgehend selbst überlassen, kreieren die Geschwister eine eigene Sprache und eigene Verhaltensweisen, loten dabei Grenzen des Sadismus aus. Anregungen dazu hatte Klaus Mann seinem eigenen Leben entnommen und für die Bühne mythisch aufgeladen: Elisabeth als reine unantastbare Heldin, die niemandem gehört, und Paul als labiler, ihr gänzlich verfallener Bruder. Doch auch mit diesem Stück konnte Klaus Mann nicht reüssieren. Die Zeitungen waren sich in ihrer Ablehnung einig. Eine wählte den Untertitel »Das große Einschlafspiel«.

Während Erika und ihre Freundin und Geliebte Therese Giehse Drogen als Mittel betrachteten, den Genuss eines Beisammenseins im Freundeskreis oder gemeinsamer Unternehmungen zu steigern, versuchte Klaus, mit Drogen seine Einsamkeit und Lebensangst zu ver-

treiben. Erika ermahnte den Bruder immer wieder, seinen Drogen-
konsum, das »kleinbürgerliche Laster«, einzuschränken: »Tu's nicht!«,
forderte sie beinahe im Befehlston, die Zeiten seien so schlecht, dass
man ihren Verlockungen nicht nachgeben dürfe. Klaus wies ihre Rat-
schläge ab und parodierte sie ab und zu.

In dieser Hinsicht hörte keine auf den anderen und umgekehrt.
Die beiden Frauen probierten die verschiedensten »künstlichen Para-
diese« aus, ohne ihnen jedoch zu verfallen, während Klaus es bereits
war. Erika versuchte, die Kontrolle zu behalten – über sich, aber vor
allem über ihn.

Anfang der 1930er Jahre begann Erika Mann politisch tätig zu werden.
Ihr erster brisanter Auftritt fand am 13. Januar 1932 auf der großen
öffentlichen Frauenversammlung im Hotel Union in München statt.
Die Kundgebung stand unter dem Motto »Weltabrüstung oder Welt-
untergang« und wurde veranstaltet von drei Münchner Friedensorga-
nisationen. Klaus Mann berichtet in seinem Tagebuch, Erika habe sich
krank gefühlt, ihr Gesicht sei ganz weiß gewesen, er habe sie begleitet.
Erika sei es »rührend-eindrucksvoll« gelungen, das Publikum mit
ihrer Schlussrede zum Thema »Deutsche Zukunft« und Abrüstung zu
begeistern. Während der Veranstaltung sei es zu einem »aufregenden
Störungsversuch« einiger »Nazi-Buben« gekommen, die sich Zutritt
zu der Kundgebung verschaffen wollten, was eine »kurze Panik«
ausgelöst habe.

Gefährlicher aber als der Störversuch an Ort und Stelle waren die
nachträglichen Reaktionen in der Presse. So berichtete der *Völkische Be-
obachter*, die Kundgebung sei eine »Schmach« und Erika Manns Auftreten dabei ein »besonders widerliches Kapitel« gewesen. Klaus Mann
reagierte auf die »phantastischen Pöbeleien« gegen seine Schwester umgehend mit einer scharfen Verteidigungsreplik im *8-Uhr-Abendblatt*.

Erika entschied sich, nun mit vollen Kräften gegen die Nationalsozialisten zu kämpfen. Am 1. Januar 1933 gründete sie das literarische

Kabarett ›Die Pfeffermühle‹ mit der Absicht, dem Protest gegen den Nationalsozialismus eine effiziente Form und einen adäquaten Raum zu geben. Rückblickend bezeichnete Klaus Mann die ›Pfeffermühle‹ als »wirkungsvollstes und erfolgreichstes theatralisches Unternehmen der Emigration«, denn eigentlich habe ihr Exil bereits in München begonnen.

Erika Mann hoffte, in ihrer ›Pfeffermühlen‹-Arbeit die beiden Talente, auf die sie zunehmend vertraute, einsetzen und weiterentwickeln zu können: Schreiben und Theaterspielen. Beim Schreiben war es vor allem die kurze Form, die ihr lag: Feuilletons, Glossen, Satiren – kurze prägnante Texte, die eine Aussage pointiert auf den Punkt brachten. Dass sie ihren Bruder Klaus, dessen schriftstellerische Begabung sie weitaus höher einschätzte als ihre eigene, bei dem Projekt ›Pfeffermühle‹ an ihrer Seite wusste, gab ihr Sicherheit und Zuversicht. In seinem Tagebuch nennt Klaus Mann die Stimmung des Eröffnungsabends »groß« – genau wie das Publikum. Alles habe geklappt, den einzigen Wermutstropfen bildeten »drei blöde Nazis in einer Ecke«.

Doch von Anfang an waren die Tage der ›Pfeffermühle‹ in München gezählt. Als Erika und Klaus nach einer Klausur in Lenzerheide, in der sie ein neues Programm erarbeitet hatten, am 10. März 1933 in München eintrafen, wehten auf allen öffentlichen Gebäuden die Hakenkreuzfahnen. Genau einen Tag vorher war Franz Xaver Ritter von Epp als Reichsstatthalter in Bayern eingesetzt worden. Am Bahnhof erwartete sie der Chauffeur der Familie, dessen Verhalten ihnen seltsam vorkam und der ihnen riet, sich nicht länger in München aufzuhalten, da das Haus überwacht würde. Später sollte sich herausstellen, dass er längst Parteimitglied und Spitzel bei den Manns gewesen war. Doch in diesem Moment fühlte er sich für das Wohlergehen der beiden jungen Leute, die er schon so lange kannte, verantwortlich und wollte sie unbedingt vor Schlimmerem bewahren. Auf ihrem Weg durch die Stadt vom Bahnhof zur Poschingerstraße beobachteten sie, wie Leute auf der Straße verhaftet wurden.

Erika erkannte sofort, dass das Ende der ›Pfeffermühle‹ in Deutschland unwiderruflich gekommen war und informierte die Mitglieder des Kabaretts, dass sie ihre Arbeit in München einstellen und an einem anderen Ort außerhalb Deutschlands fortsetzen müssten.

Erika und Klaus verließen Deutschland am 13. März 1933: Erika mit dem Auto Richtung Arosa, Klaus mit dem Nachtzug Richtung Paris.

Klaus Mann wurde die deutsche Staatsbürgerschaft am 1. November 1934, Erika Mann am 8. Juni 1935 aberkannt. Als Begründung wurde ihre geistige Urheberschaft an der »deutschfeindlichen Pfeffermühle« aufgeführt, die mit ihren »würdelosen Darbietungen« eine »Verunglimpfung Deutschlands« zum Ziel gehabt habe. Es war nur eine Frage der Zeit, bis auch Therese Giehses Reisepass nicht mehr verlängert werden und sie und Erika ohne gültige Papiere dastehen würden – wie sollten sie da ihre Tourneen bestreiten? Sie waren dringend auf ihren Pass angewiesen.

Erika zeigte sich wie immer handlungsfähig und flog am 12. Juni 1935 nach London, um drei Tage später den Schriftsteller Wystan H. Auden zu heiraten. Dadurch erhielt sie die britische Staatsbürgerschaft genau an dem Tag, an dem der Reichsminister für Volksaufklärung und Propaganda, Joseph Goebbels, verkündete, dass sie keine Deutsche mehr sei. Den Kontakt zu Wystan H. Auden hatten Klaus Mann und Fritz Landshoff über einen gemeinsamen Freund, den Schriftsteller Christopher Isherwood, hergestellt, der wiederum ein enger Freund Audens war. Beide Männer waren homosexuell. Wystan H. Auden vermittelte ein Jahr später Thereses Ehe mit dem Schriftsteller John Hampson – getreu seiner Devise, dass sich Schwule auf diese Weise nützlich machen könnten.

Beinahe zehn Jahre war es her, seit Erika zusammen mit ihrem Bruder, »ein bisschen nach Amerika« gereist war und eine Idee realisiert hatte, die ihnen bei einem gemeinsamen Abendspaziergang am

Starnberger See gekommen war. Die Faszination des American Way of Life hatte sie seither nicht mehr losgelassen. Und nun war es vor allem Klaus, der zu einem Neuanfang in der Neuen Welt drängte.

Im September 1936 brachen Erika und Klaus in die USA auf, um dort die Tournee der ›Pfeffermühle‹ vorzubereiten. Am 5. Januar 1937 fand in New York die erste Vorstellung der ›Peppermill‹ in Amerika statt. Der ersehnte Erfolg blieb jedoch aus. Literarisches Kabarett war dem amerikanischen Publikum nicht nur fremd, sondern stieß sogar auf vollkommenes Desinteresse. Es wusste nichts damit anzufangen, genauso wenig wie mit den politischen Anspielungen. So etwas hatte doch nichts im Kabarett zu suchen.

Im Bedford Hotel, wo sich damals viele deutsche Exil-Schriftstellerinnen und -Schriftsteller trafen, lernten Erika und Klaus Mann Martin Gumpert kennen. Der Arzt und Schriftsteller stammte aus Berlin, war 1936 nach New York emigriert und hatte dort vor Kurzem eine Praxis für Allgemeinmedizin eröffnet. Er versorgte Klaus mit Tabletten, die ihn von seiner Heroinsucht befreien sollten. Erika schlüpfte wieder in die Rolle der verantwortlichen großen Schwester. Als jemand, der selbst Drogen konsumierte, aber nie die Kontrolle darüber verlor, glaubte sie, ihrem Bruder beim Entzug helfen zu können. Doch letztendlich war es ein Kampf, den sie nicht gewinnen konnte.

Klaus Manns Suche nach seinem Platz in der Welt, die ihn zwischen Amerika und Europa hin- und herpendeln ließ, blieb erfolglos. Am 21. Mai 1949 nahm er sich im Alter von 42 Jahren in Cannes mit einer Überdosis Schlaftabletten das Leben und wurde auf dem Cimetière du Grand Jas beigesetzt. Erika sollte über den Verlust ihres geliebten ›Eissi‹ nie hinwegkommen: »Waren wir doch Teile voneinander – so sehr, dass ich ohne ihn im Grunde gar nicht zu denken bin.«

Erika blieb in Amerika. Am 15. März 1937 sprach sie auf der ersten amerikanischen Massenkundgebung gegen Hitler im New Yorker Madison Square Garden vor mehr als 20 000 Menschen. Sie ging auf Vortragsreisen und war in den 1940er Jahren Kriegsberichterstatterin in

Spanien, Ägypten, Persien, Palästina, Belgien, Frankreich sowie Beobachterin beim Nürnberger Hauptkriegsverbrecherprozess. 1947 begleitete sie ihren Vater auf seiner ersten Europareise nach dem Krieg, der sie als seine »Sekretärin, Biographin, Nachlasshüterin, Tochter-Adjutantin« betrachtete. 1952 verließ sie die Vereinigten Staaten und übersiedelte, zusammen mit ihren Eltern, in die Schweiz. Nach dem Tod ihres Vaters 1955 betrachtete sie es als ihre Hauptaufgabe, die Nachlässe ihres Vaters und ihres Bruders zu verwalten. Gesundheitlich ging es ihr aber immer schlechter. Sie starb am 27. August 1969 im Kantonsspital Zürich an einem Hirntumor und wurde im Familiengrab auf dem Friedhof in Kilchberg beigesetzt. ❖

Literaturhinweise

❖ **Abbs, Annabel:** Frieda von Richthofen. Eine Frau sprengt die Fesseln ihrer Zeit. München 2021.

❖ **Abele-Aicher, Christine (Hrsg.):** Die sanfte Gewalt. Erinnerungen an Inge Aicher-Scholl. Ulm 2012.

❖ **Aßmann, Alex:** Gudrun Ensslin. Die Geschichte einer Radikalisierung. Paderborn 2018.

❖ **Bach, Rudolf:** Die Frau als Schauspielerin. Tübingen 1937.

❖ **de Beauvoir, Hélène:** Souvenirs. Ich habe immer getan, was ich wollte. Hrsg. von Karin Sagner. München 2014.

❖ **de Beauvoir, Simone:** Memoiren einer Tochter aus gutem Hause. Reinbek 1960.

❖ **Bell, Quentin:** Erinnerungen an Bloomsbury. Frankfurt a. M. 1997.

❖ **Berglar, Peter:** Annette von Droste-Hülshoff. Reinbek 1979.

❖ **Bestenreiner, Erika:** Sisi und ihre Geschwister. München 2003.

❖ **Beuys, Barbara:** Blamieren mag ich mich nicht. Das Leben der Annette von Droste-Hülshoff. Berlin 2013.

❖ **Brik, Lilja:** Schreib Verse für mich. Erinnerungen an Majakowski. Berlin 1991.

❖ **Crawford, Marion:** Prinzessin Margaret. Das Leben einer Prinzessin heutzutage. Bern 1954.

❖ Die wahre Geschichte hinter »The Crown«. Stuttgart 2022.

❖ Dunn, Jane: Virginia Woolf and Vanessa Bell. A Very Close Conspiracy. London 2000.

❖ Ensslin, Gudrun: »Zieht den Trennungsstrich, jede Minute.« Briefe an ihre Schwester Christiane und ihren Bruder Gottfried aus dem Gefängnis 1972–1973. Hrsg. von Christiane und Gottfried Ensslin. Hamburg 2005.

❖ Erickson, Carolly: Alexandra Romanowa. Die letzte Zarin. München 2007.

❖ Ernst Ludwig, Großherzog von Hessen und bei Rhein: Erinnertes. Darmstadt 1983.

❖ Fischer, Lisa: Schattenwürfe in die Zukunft. Kaiserin Elisabeth und die Frauen ihrer Zeit. Wien 2000.

❖ Frick-Gerke, Christine (Hrsg.): Inspiration Bloomsbury. Der Kreis um Virginia Woolf. Frankfurt a. M. 2003.

❖ Gilot, Françoise / Lake, Carlton: Leben mit Picasso. München 1980.

❖ Gleichauf, Ingeborg: Poesie und Gewalt. Das Leben der Gudrun Ensslin. Stuttgart 2017.

– Sein wie keine andere. Simone de Beauvoir. Schriftstellerin und Philosophin. München 2018.

❖ Green, Martin: Else und Frieda – die Richthofen-Schwestern. München 1980.

❖ Hamann, Brigitte: Elisabeth, Kaiserin wider Willen. München 2012.

❖ Hörner, Unda: Die realen Frauen der Surrealisten. Frankfurt a. M. 1998.

❖ Hummel, Walter: Nannerl. W. A. Mozarts Schwester. Wien 1952.

❖ Jüngling, Kirsten / Roßbeck, Brigitte: Schillers Doppelliebe. Die Lengefeld-Schwestern Caroline und Charlotte. Berlin 2006.

❖ Katz, Gabriele: Künstlerinnen und ihre Häuser. Berlin 2020.

❖ Keiser-Hayne, Helga: Erika Mann und ihr politisches Kabarett »Die Pfeffermühle« 1933–1937. Reinbek 1997.

❖ Kennedy, Susan u. a.: Queen Elizabeth II. und die Königliche Familie. Ein Leben für die Krone. München 2021.

❖ **Kielinger, Thomas:** Elisabeth ii. Das Leben der Queen. München 2022.

❖ **Koll, Andreas / Rinberger, Sabine (Hrsg.):** Liesl Karlstadt. Schwere Jahre 1935–1945. München 2019.

❖ **Maletzke, Elsemarie / Schütz, Christel:** Die Schwestern Brontë. Leben und Werk in Texten und Bildern. Frankfurt a. M. / Leipzig 2007.

– Das Leben der Brontës. Frankfurt a. M. / Leipzig 2008.

❖ **Mann, Erika / Mann Klaus:** Rundherum. Abenteuer einer Weltreise. Reinbek 2005.

❖ **Mann, Katia:** Meine ungeschriebenen Memoiren. Hrsg. von Elisabeth Plessen und Michael Mann. Frankfurt a. M. 2004.

❖ **Marie, Grand Duchess of Russia:** Education of a Princess. New York 1930.

– A Princess in Exile. New York 1932.

❖ **Millar, Lubov:** Großfürstin Elisabeth von Russland. Wachtendonk 2004.

❖ **Monteil, Claudine:** Die Schwestern Hélène und Simone de Beauvoir. München 2006.

❖ **Nadolny, Susanne:** Elsa Triolet. Il n'y a pas d'amour heureux. Berlin 2000.

❖ **Naumann, Ursula:** Schiller, Lotte und Line. Berlin 2014.

❖ **O'Callaghan, Claire:** Das andere Gesicht der Emily Brontë. Hamburg 2020.

❖ **Pink, Katharina:** Charlotte Brontë. Zwischen Anpassung und Rebellion. Darmstadt 2016.

❖ **Pulver, Corinne:** Lilo Pulver, meine Schwester. München 1979.

– Melisandes Tod. Bericht und Betroffenheit. Bern/München 1993.

❖ **Pulver, Liselotte:** Was vergeht, ist nicht verloren. Drehbuch meines Lebens. Hamburg 2020.

❖ **Pusch, Luise F.:** Vanessa Bell. www.fembio.org/biographie.php/frau/biographie/vanessa-bell/ 9. 8. 2022. Siehe auch: https://www.fembio.org/

❖ Rieger, Eva: Nannerl Mozart. Frankfurt a. M. / Leipzig 1992.

❖ Riegler, Theo: Das Liesl Karlstadt Buch. München 1961.

❖ Riewerts, Theodor: Wie hat Annette von Droste-Hülshoff ausgesehen? In: Westfalen. Hefte für Geschichte und Volkskunde. 23. Band (1938).

❖ Rilke, Rainer Maria: Die Schwestern. In: Der neuen Gedichte anderer Teil. Leipzig 1918. S. 89.

❖ Roggenkamp, Viola: Erika Mann. Eine jüdische Tochter. Über Erlesenes und Verleugnetes in der Familie Mann-Pringsheim. Zürich 2005.

❖ Sagner, Karin (Hrsg.): Das Talent liegt in der Familie. Die Malerin Hélène de Beauvoir. München 2014.

❖ Scholl, Sophie / Scholl, Hans: Briefe und Aufzeichnungen. Hrsg. von Inge Jens. Frankfurt a. M. 2005.

❖ Schoof, Wilhelm: Jenny von Droste-Hülshoff, die Jugendfreundin Wilhelm Grimms. In: Westfalen. Hefte für Geschichte und Volkskunde. 23. Band (1938).

❖ Schröder & Kalender: taz blog 7. 6. 2009 und 21. 1. 2019.

❖ Spalding, Frances: Vanessa Bell. Portrait Of The Bloomsbury Artist. London 2016.

❖ von Trotta, Margarethe: Gegenwärtig sein. Gespräche mit Thilo Wydra. Zürich 2022.

❖ Vinke, Hermann: Das kurze Leben der Sophie Scholl. Ravensburg 1997.

❖ Waldmann, Werner: Die Schwestern Brontë. Reinbek 1995.

– Virginia Woolf. Reinbek 2006.

❖ Wendt, Gunna: Alexandra – die letzte Zarin. Berlin 2015.

– Erika Mann und Therese Giehse. Eine Liebe zwischen Kunst und Krieg. München 2018.

– Liesl Karlstadt. Ein Leben. München 2019.

– Vom Zarenpalast zu Coco Chanel. Das Leben der Großfürstin Maria Pawlowna Romanowa. Berlin 2021.

❖ Zehl Romero, Christiane: Simone de Beauvoir. Reinbek 1992.

Filme

❖ **Breloer, Heinrich:** Die Manns – Ein Jahrhundertroman. Fernsehfilm. Doku-Drama in 3 Teilen. Deutschland 2001.

❖ **Leube, Dietrich:** Liebe, Haß und Leidenschaft. Lilja Brik und Majakowski. BR 1996/97.

❖ **Margarethe von Trotta:** Die bleierne Zeit. Deutschland 1981.

Dank

❖ Während der Arbeit an diesem Buch habe ich viele intensive Gespräche geführt. Für das Interesse, auf das ich dabei – nicht nur bei Schwestern – gestoßen bin, möchte ich mich herzlich bedanken.

Mein besonderer Dank gilt Klaus Jünschke und Barbara Kalender, die mir Christiane Ensslin und ihre Arbeit nahegebracht und Einblicke in ihren Nachlass gewährt haben. Franz Klug und Rüdiger Rohrbach danke ich für die Unterstützung bei der Recherche sowie für die vielfältigen Anregungen, Andreas Koll für wertvolle Auskünfte über Elisabeth Wellano. Der Gräflichen Familie Bernadotte danke ich für Einblicke in das Romanow-Archiv auf Schloss Mainau. Dem Literaturarchiv der Monacensia im Hildebrandhaus München und dem Valentin-Karlstadt-Musäum München danke ich für die Unterstützung.

Herzlich bedanken möchte ich mich bei meiner Lektorin Janina Vogel und dem Team des Reclam Verlags und meiner Agentin Andrea Wildgruber, die das Projekt mit inspirierenden Gesprächen begleitet haben. ❖

MIX
Papier | Fördert
gute Waldnutzung
FSC® C014889

2022 Philipp Reclam jun. Verlag GmbH,
Siemensstraße 32, 71254 Ditzingen
Umschlaggestaltung: Philipp Reclam jun. Verlag GmbH
Umschlagabbildung und Illustrationen: Hannah Kolling,
Kuzin & Kolling, Büro für Gestaltung
Druck und buchbinderische Verarbeitung: Friedrich Pustet GmbH & Co. KG,
Gutenbergstraße 8, 93051 Regensburg
Printed in Germany 2022
RECLAM ist eine eingetragene Marke
der Philipp Reclam jun. GmbH & Co. KG, Stuttgart
ISBN 978-3-15-011381-3

Auch als E-Book erhältlich

www.reclam.de